ちくま新書

内

――危機の民族地政学

楊海
Yang Haiy

1546

内モンゴル紛争——危機の民族地政学【目次】

プロローグ

民族自決権は、政治上の意味での独立権、抑圧民族から自由に政治的に分離する権利を、もっぱら意味するのである。（ヴェ・イ・レーニン著、川内唯彦訳『帝国主義と民族・植民地問題』国民文庫、大月書店、一九五四年）

†無策の二一世紀の民族問題

二〇二〇年八月末。

コロナ禍と異常な猛暑日の中、突然、中国内モンゴル自治区の民族問題が日本と世界に伝えられてきた。具体的に言えば、中国政府が九月から導入しようとした言語政策が現地のモンゴル人たちの強い反発を招き、抗議デモが各地で発生したことである。直前までに日本人と各国の市民が注目していたのは香港情勢と新疆《しんきょう》ウイグル自治区の問題であったか

内モンゴル自治区の抗議デモの犠牲者ソルナと彼女の遺書。モンゴル人は人口の面で少数派に追い込まれ、不利な立場に立たされている、と民族問題の本質を現した内容である。

ら、内モンゴル自治区の紛争を意外に思った人も多かったのではないか。

香港では数年も前から学生たちの「雨傘運動」が起こり、その後、大規模な抵抗へと発展していったが、北京当局の意向を組んだ地元特別行政区政府に容赦なく鎮圧された。そして、二〇二〇年七月には国家安全維持法が成立し、イギリスから「祖国」たる中国に返還された当初に約束されていた「高度の自治」は事実上、完全に否定された。

新疆ではウイグル人が百万人単位で強制収容所に閉じ込められ、イスラームを信仰するムスリムたちは厳しい取り調べと拷問を受けている。女性たちは強制的に避妊手術を施されたり、中国人すなわち漢人と結婚させられたりしている。子どもたちは孤児となり、故郷の路頭をさまよっている。ウイグル人のものと思われる褐色の髪から作られたかつらが欧米に輸出されたことで、かつてユダヤ人がナチス・ドイツから受けていたホロコーストの悪夢が蘇り、世界の世論は一変した。アメリカは香港とウイグル人を弾圧する中国新疆ウイグル自治区の関係者を制裁する法律を制定して発動したが、ジェノサイドは止まらない。中国が何をやっても、国際社会は無策のままである、と半ばあきらめに近い雰囲気が酷暑の夏を一段と過ごしにくくした。

内モンゴル自治区（以下、内モンゴルと略す）はチベット自治区同様、民族問題はすでに終息しただろう、と世界中からそう認識されていた。それだけに、突如として現れた内モンゴルに暮らすモンゴル人たちの抗議活動は再燃した民族問題だとして、国際社会からそう位置づけられた。

静かだった草原地帯に何故、民族問題が再発したのか。原因がもし、中国政府にあるとすれば、どうしてそれについて善処できなかったのか。北京当局はまたどうして内モンゴル問題をかくも重視するのか。どうしてモンゴル人が生来的に有してきた母語による教育の権利を廃止してまで、中国語一辺倒の同化教育を公然と急ぐのか。モンゴル人はもうとっくに同化したのではないか、と思っていた中国人や日本人も多かったのではないか。

そこからさらに踏み込んで思索すると、そもそもどうして、中国領域にモンゴル人の自治地域があるのか。隣のモンゴル国とはどんな関係なのか。いつから、モンゴル民族は分断されて、異なる国家に暮らすようになったのか。これらの問題について、モンゴル人自

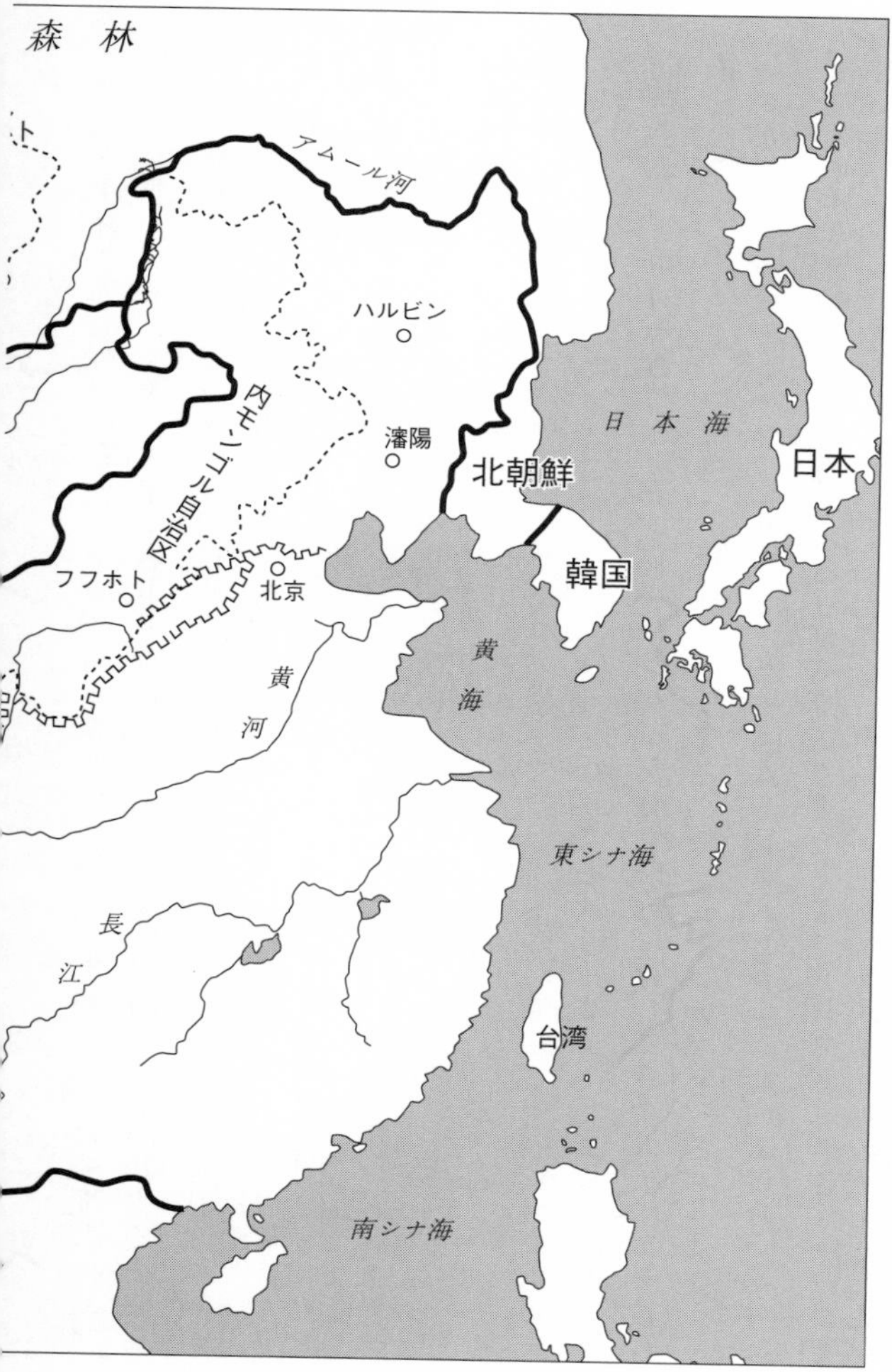

森林
アムール河
ハルビン
瀋陽
内モンゴル自治区
フフホト
北京
北朝鮮
韓国
日本海
日本
黄海
黄河
東シナ海
長江
台湾
南シナ海

シベリア
ロシア連邦
ブリヤート共和国
バイカル湖
イルクーツク
チタ
カザフスタン共和国
アルタイ山脈
ウラーンバートル
モンゴル国
バルハシ湖
ジュンガル盆地
新疆ウイグル自治区
中華人民共和国
チベット自治区
デリー
ガンジス河

地図１　現代モンゴル

身も含め、大方の読者は知らないのではなかろうか。

そして、「内モンゴル」との表現だが、「内」は「うち」なのか、それとも「ない」か。誰にとっての「内《うち》」ないしは「内《ない》」なのか。「うち」があれば、「外《そと》」や「外《がい》」もあるのであろうか。内外の区別があるとすれば、それはどこの何を指すのか。どうして、誰によって、モンゴルが内外で分けられるようになったのか。特定の地名に政治性と民族性が注入されることはよくあろうが、内モンゴルの場合、その政治色と民族色は誰によって、いつ、塗られたのだろうか。

†栄光の残影

右で示した疑問はすべて、未解決の政治問題にして民族問題である。政治問題は、何かの起爆剤があれば、瞬時に激化する。内モンゴルの場合だと、それが今回は言語教育という起爆剤によって、民族問題として爆発してしまったのである。民族問題は、民族という集団が存在し、民族同士で異なる文明と歴史、違う価値観を有しているがゆえに、それらの要素がぶつかり合った際に出現する。

異なる文明は違う風土と環境の中で培われる。そこから培養された人間の価値観は簡単に変わらない。風土はさらに政治と一体化して、特定の地域に政治力を誕生させたり、あるいは逆に空白を作ったりする。精神風土と地理学的領域が政治的に一体化すれば、領土と呼ばれる。領土と政治、それに民族問題等をトータルで捉える学問を地政学とでも呼んでおこう。そうなると、内モンゴルは地政学上、中国や世界にとって重要な存在となってくる。当事者のモンゴル人もまた、世界を舞台に主役を演じ続けようとする。

モンゴルの北隣はシベリアの森林地帯で、草原の道を疾駆すれば、モンゴル高原から西へとつながる広大なユーラシアである。日本人はともすれば中国を過大評価しがちだが、そうした思想の是非は別として、ロシアやユーラシアから東を見渡しても、内モンゴルは重要である。さらに言えば、世界戦略を立てるアメリカにとっても同様である。

ここまで述べてくると、日本人の記憶も蘇生するはずだろう。戦前の大日本帝国もこの地を内蒙古《ないもうこ》と呼んで、反共回廊を築こうという雄大な夢を実現しようと戦った時もあったのではないか。要するに、内モンゴルは世界の政治地理学的要衝であっただけでなく、日本にとっても、忘れられない大帝国の栄光の一部分を成していた地である。

現代の日本では、内モンゴルを中国と結びつけて、中国の一部として理解する人が多いかもしれない。そのためか、「中国・内モンゴル」と表現するのが定着した感じがする。当のモンゴル人たち、内モンゴルだろうが、独立のモンゴル国国民だろうが、そうした言い方には戸惑いを覚える。端的に言えば、「中国・内モンゴル」と表現する人は政治的に中国寄りだろう、とモンゴル人の眼に映る。「中国・内モンゴル」との言い方自体がモンゴル人に強烈な不快感を与えるほど、内モンゴルという存在自体が時限爆弾である性質を帯びているのである。

†アイデンティティーという政治問題

ここからさらに問題は複雑化する。

内モンゴルのモンゴル人は何人《なにじん》なのか。いうまでもなく、現時点では、国籍は中華人民共和国である。国籍が中国だからといって、内モンゴルのモンゴル人は中国人すなわち漢人ではない。国際的に中国人といえば、Chinese である。Chinese は漢人で、漢人だけが中国人であるというのは、自明のことである。この自明のことが否定されるかのように、内モンゴルのモンゴル人に対し、「中国人」と呼んだりすると、相手は無性に腹が立つ。

モンゴル人やウイグル人、それにチベット人にとって、「お前は中国人だろう」という言い方は酷い差別語になる。筆者が高校生だった一九八〇年代、「お前は中国人だ」というのは内モンゴル自治区のモンゴル人への悪罵であった。二〇二〇年夏に爆発した抗議デモの際も、「我々は中国人ではない」、との声を挙げていたモンゴル人青少年が多かった。

問題は決して中国人を差別しているのではなく、むしろ逆である。モンゴル人を中国人と呼ぶのは、モンゴル人に対する民族差別である。日本語の読者たちもその点について理解していただきたい。

内モンゴルにいる時よりも、一歩でも外に出ると、こうした民族意識は一気に強まる。筆者の親戚で、内モンゴルで優雅な公務員生活を送っていた若い夫婦が数年前にヨーロッパを旅行してきた。彼らは現地で、“Are you Chinese?”と訊かれた時に本能的に“No!”と答えたという。そこから「私は誰だろう」、どうしてモンゴル人が中国籍なのか、という風に次第に難しい問題について探索するように変わった実例は多数ある。

今回の内モンゴルの民族問題も同じである。詳しくは本書の第四章で述べるが、政府からモンゴル人に示された公文書に侮辱的な内容があった。モンゴル語を母語と呼ぶのではなく、代わりに中国語を母語と認識するよう、命令されていた。中国籍である以上、中国語はモンゴル人にとっても、一応は国語になる。しかし、その国語は母語ではない。国語と母語が一致しないのは、その民族が他国に編入されていることを意味している。モンゴル国や日本の場合だと、母語と国語はかなりの人々にとって一致しているはずである。しかし、内モンゴルのモンゴル人はそうではない。従って、全く違う言葉を母語として受け入れるよう強制されると、それはあからさまにアイデンティティーを放棄せよと迫られるのと同じだと理解されるので、抵抗も激しくなる。これは、モンゴル人に対して、自らすすんで所属意識を変えるよう脅迫されたことを意味する。だから、モンゴル人たちは中国政府の政策を文化的ジェノサイドだと理解して反発してきたのである。

国際的には、内モンゴルを中国と結び付け、「中国の一部」とする観点はほとんどない。当然、国籍はどこであろうと、モンゴル人はあくまでもモンゴル人で、中国人ではない。

†内陸アジアの内モンゴル

では、内モンゴルは国際社会で何と呼ばれているのか。

表現はいろいろあるが、基本的に内モンゴルは「内陸アジア」(Inner Asia)や「中央ユーラシア」(Central Eurasia)の一部である。国際的に「歩く歴史家」として知られているアメリカのオウェン・ラティモアは内モンゴルと新疆(=東トルキスタン)、それに中国各地を探査したうえで、一九四〇年代から内モンゴルの独特な地政学的特性に気づいた。そこから彼はこの地を「内陸アジアの一部」、「アジアの中心地点」などと呼んだ。もちろん、彼の雄大な視野には狭い内モンゴルだけではなく、満洲平野とシベリア南部、そして新疆も含まれていた。

ラティモアの探検からの知見をさらに豊富な文献によって裏付けし、確固たる学説として世に「内陸アジア」世界を確立させたのは、ハンガリーのアルタイ学者のサイナー・デ

トルコ共和国アナトリア高原のアクサライ

ニスらである。

サイナーたちの見解では、内陸アジアとは、単なる地理学的世界ではなく、ユーラシアの諸文明を理解するうえでの重要な概念である。それは、東は満洲平原から始まり、モンゴル高原を通って、遥か西の黒海沿岸とトルコ共和国のアナトリア高原に至るまでの地を指す。文字通り、インド洋と太平洋、それから北洋など海から遠い世界であるが、隔絶されていた閉鎖的空間ではない。むしろ、人類がアフリカからユーラシア大陸に足を踏み入れた瞬間から、南のアラビア海やインド洋、東はオホーツク海と交流していた。

日本人はユーラシア南部に偏ったエジプトとメソポタミア、インドと中国に焦点を当てて、「四大文明」云々と教科書で学んできたようであるが、今や「四大文明」は死語に近い。「四大文明」という言葉は、清朝末期に日本に亡命していた中国人読書人が発明した

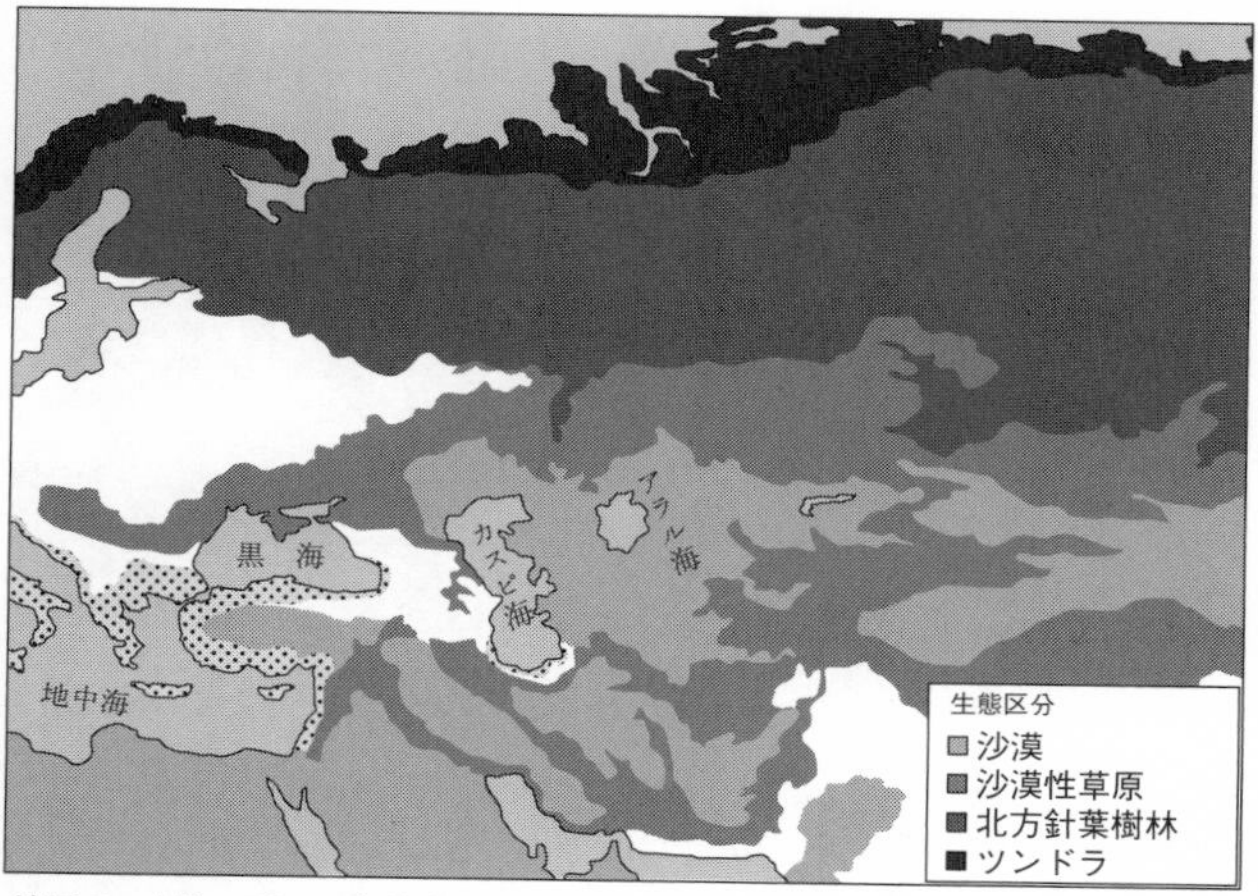

地図２　内陸アジアの生態学的区分

言説で、西欧列強と拮抗する文明を過去の歴史から発見しようとした際に、創造した仮説である。

この広大な内陸アジアはさらに三つの帯状の自然環境がくっきりと大地に刻まれている。北から順にツンドラ地帯と針葉樹林地帯、そして草原地帯と沙漠性草原になる。ツンドラ地帯にはトナカイ遊牧民が暮らし、北極圏を取り囲むように地球の最北端に共通した文化を作り上げた。その南の草原の文明はさらに均一性を共有している。遊牧民は基本的に馬と牛、羊と山羊、それにラクダという五畜（mal）を放牧するが、これ以外は「家畜」の範疇に入らない。この五種類の家畜は有蹄類と呼ばれ、搾乳できる特徴を持っている。人類の一部が遊牧を始めたのは、場合によっては農耕よりも早い可能性がある、とユーラシア各地で遊牧民の研究を続けてきた国立民族学博物館名誉教授である松原正毅は指摘する。

遊牧民はいつ、どこで誕生したかも検証が難しいと言われている。しかし、人類の一部が馬に跨るようになってから、彼らが歴史の主役になっていったのは間違いない。馬上から弓を引くようになって、戦闘力が抜群に上がったからである。人馬一体化し、機動性に

馬の乳を搾るアルタイ山中のカザフ人。馬は騎乗に使えるだけでなく、酒の原料となる乳を提供してくれる。1991 年夏撮影。

富んだ戦士たちは、近代に重火器が発明されるまで人類の最強軍団であり続けた。遊牧民は寛容をモットーとする。自らの意志で加わってくる者を拒絶しない、オープンな社会である。そのため、遊牧民社会に傑出したリーダーが生まれると、瞬時に大勢力となる。だから、内陸アジアの遊牧民が近代までユーラシアの歴史を動かす内燃機の役割を果たしてきたのである。言い換えれば、内陸アジアの文明はユーラシアの諸文明の中心であったのである。

サイナーのような諸先学は「内陸アジア」、「中央ユーラシア」、「中央アジア」などの概念をさほど区別せ

ずに併用してきた。それぞれに微妙なニュアンスの違いはあるものの、特定の歴史学的事実を語るのに使い分けてきた。筆者も既往の伝統を踏襲して、三者を同時に駆使する。

†ユーラシアの橋頭堡

ユーラシアの遊牧文明の中心たる内陸アジアの橋頭堡《きょうとうほ》が、東方に位置するモンゴル高原南部で、今日、私たちが便宜的に内モンゴルと称している地域である。ユーラシアが人類文明の中心であった立場に立ってみると、橋頭堡としての内モンゴルの地政学的な存在価値にも当然、気づくはずである。

歴史の主人公たちはまさにユーラシア東方の橋頭堡を確保してから文明の構築に勤しんでいた。紀元前から登場し、紀元後六世紀まで活躍した匈奴《きょうど》は内モンゴルのオルドスの地から立ち上がっている。彼らは漢王朝を一時は属国にしながら、西へと展開してゆき、東ローマ帝国を崩壊に追い込むフン人に発展していった。長城の南では漢王朝が誕生し、滅亡するが、漢人にはユーラシアの主人公になる気概がなかったらしい。漢人は終始、内陸アジアからの軍事的圧力に対応するのに受身的に追われていたので、覇気を発揮できる余裕がなかったのである。

六世紀からはテュルク（突厥）系の人々がモンゴル高原から勃興した。彼らは長城以南の唐をコントロールし、中央アジアを言語の面でテュルク化していった。テュルク語化が何世紀も続いた結果、今日の地中海の沿岸までの地はテュルク人の世界に変わった。その間、唐は何回かテュルク系の遊牧民と平和と戦争の時代を繰り返していた。唐、少なくともその皇帝と有力な政治家たちはほとんどが鮮卑《せんぴ》系の出自を持っていたためか、テュルクとは特別な関係にあるという事実を重く見て、国際関係の処理に当たっていた。

オルドス南西部に残る匈奴の後裔である赫連勃勃の都、統万城遺跡。1991 年冬撮影。

　その後はモンゴル系のキタイ（契丹《きったん》）が西のアムダリアまで勢力を伸ばした。

　歴世の先輩たちの築き上げた成果を最大限に発展させたのは、テムージンことチンギス・ハーンのモンゴルの他にない。チンギスという傑出した才能と天性のカリスマ性を具えた指導者の身辺に立つ幕僚たちは、モンゴル人よりもテュルク系とアラブ系からなっていた。彼はどこを統治下に入れても、現地の人々に権力の維持と存続を委ねたが、相手は次第にモンゴルと自称するようになった。もっとも、言語の面ではテュルク語か、あるいはテュルク・モンゴル語を操るように変化していた、と言語学者たちは推察している。

テュルク・モンゴル語を話す内陸アジアの遊牧民たちは次第に一つの共通の理念を抱くようになる。今日の言葉で表現するならば、民族意識の形成である。それは、自分たちはチンギス・ハーンの子孫であるという認識である。そして、統治理念は当然、チンギス・ハーンの「黄金家族」の者のみがハーンと称する権利を有する、と共有される。いわゆる「チンギス統」の原理である。

チンギス・ハーン家に系統がつながる者たちは遊牧世界だけでなく、オアシスに構築した都市文明世界にもその思想を持ち込んだ。かくして、ユーラシアの中心を成す内陸アジアには共通した価値観と経済活動、共通した文化と文明が花開いた。こうした共通性は決して個々の文化圏・文明圏の独自性と矛盾するものではない。同じチンギス・ハーン家でも、イスラームの信仰者もいれば、キリスト教徒に改宗した者もいた。あるいは、仏教の保護者・檀家に変身した者もいた。遊牧民は宗教に寛容であったので、宗教信仰の異同は決して文化と文明の共通性と抵触しない。

†歴史修正主義の野心

ひるがえって、中国は一度もユーラシア、もっと限定的に言えば、内陸アジア世界で積極的な働きをすることができなかった。関心が低かったのと、遊牧民とその文化・文明を敵視していたからであろう。古の中国人は遊牧民世界の風通しの良さと、生活レベルの高さ（肉と乳製品中心の食生活）、それに実力さえあれば誰でも活躍できるという自由の精神風土に自国民が流れるのを防ごうとして壁を建設した。万里の長城である。自国民の逃亡を阻止するために作り上げた壁だが、後日には国土防衛の施設だったと解釈が変わった。

歴史観もしかり。中国は自身がユーラシアの歴史変動の主役になったことは一度もなかったので、他者を自分の分身だと弁じてみせた。いわく、「匈奴も突厥《とっけつ》も、契丹も蒙古も、我が国の古代北方民族だ」という。「匈奴政権も突厥汗国、蒙古帝国も古代中国の地方政権に過ぎない」、という。

「我が国の古代の少数民族がローマ帝国の興亡を左右した」、との主張に首肯できる知的な人間は果たして何人いるのだろうか。また、「チンギス・ハーンはただ一人、ヨーロッパまで遠征できた偉大な中国人だ」とも主張する。チンギス本人の名誉のために指摘しておくが、彼はカスピ海から西へ行っていなかったのである。残念ながら、「ヨーロッパまで遠征」できなかったので、その名誉はやはり中国人の夢想に譲ったほうがいいかもしれない。

右は決して中国人の天真爛漫な戯言《ざれごと》ではない。

内陸アジアの歴史的意義と今日の戦略的重要性を理解したうえでの、歴史の再解釈である。中国のこうした歴史修正主義的思想は、まさに内陸アジアの地政学的重要性を東アジアから突出させたものである。今日、恐らくは歴史上初めて、中国の野心的膨張が注目されているが、彼らは当然、内陸アジアの橋頭堡から突破口を探す。それが、内モンゴルである。

中国の立場に立つと、ユーラシア世界へアプローチするのには、まず内モンゴルの確保と絶対的安定性が必要である。一九九〇年代末、ときの江沢民政権が「西部大開発」政策を打ち出した際も、内モンゴルは含まれていた。今日、習近平当局は肝煎りで「一帯一路」という政治経済政策でもってユーラシアの交通を打開して覇権を確立しようとしているが、その起点もまた内モンゴルである。

有史以来、内陸アジアからの圧力を受け続けてきた中国は誰よりも内モンゴルの重要性を認識しているからである。こうした歴史認識が現代国際政治と文明の遺産とぶつかり合うように、モンゴル問題、内モンゴル問題、中国対中央アジア問題、ひいては中ロ問題としてクローズアップされているのである。これらの問題は武力衝突になる場合もあるし、価値観や思想上の激しい対立にもなる。それが、内モンゴル問題の文明史的背景で、地政学の実態である。

日本はこうした問題を対岸の火事として眺めていればいいのか。答えは否だ。内モンゴルはかつて第二次世界大戦中にその三分の二が日本の支配下に置かれていた。満洲国西部と内モンゴル中央部である。満洲国西部草原地帯は、内モンゴルの東端にあたり、内陸アジアの東を成す。この地が大日本帝国の勢力圏内に入ったのも、日本の近代的な幕開けと関係している。

二十世紀初頭の日ロ戦争も満洲平野で行われたし、ロシア側の騎兵には中央アジアにルーツを持つ者が多かった。日本側には内モンゴル人が加わっていた。従って、日ロ戦争にも内陸アジア的要素が含まれている。東アジアの日本がユーラシア帝国のロシアと戦った際も、内陸アジアの遊牧民は関与していたのである。

その後、日ロは密約を交わして、北京のある経度を境に、それぞれの勢力圏を確保した。この勢力圏はまた世界大戦と戦後の対日関係の処理にも影響を与えた。いわば、内モンゴルの現代史的存在感を高めるのに、日本が大きな役割を果たしてきたのである。従って、日本人も引き続き、自国が創りあげて経営していた旧殖民地・旧支配地に関心を抱き、場合によっては積極的に関与する必要も出てくるだろう。それは、単なる近代史上の関係地域としてではなく、狭い地域研究の枠組みを越えて、ユーラシアのレベルで世界を理解するのに有用だからである。本書は日本人とモンゴル人に新しい視点を提供するために書いたものであるが、ユーラシア世界の中の内モンゴル、世界の民族地政学の中の内モンゴルはあくまでも手がかりである。

第一章

民族地政学

中央ユーラシアからの刺激なしでは、黄河の流域に都市国家が成長し、中国文明が成立することもなかったであろう。（岡田英弘著『世界史の誕生』筑摩書房、一九九二年）

†民族地政学

二十世紀初頭、スウェーデンの天才的政治地理学者ルドルフ・チェレーン（一八六四〜一九二二）は一つのユニークな概念を創った。地政学である。彼が言うところの地政学とは、民族精神と地理的環境が結合して形成された、領土と文化を経綸《けいりん》する概念である。民族の生活と精神が歴史といかに融合しているかを究明する、経国の学である。

もちろん、チェレーンは民族地政学という言葉を使っていない。筆者は地政学の中でも、特にチェレーンが言うところの民族精神、ある民族を中心として構築された文明の発露を

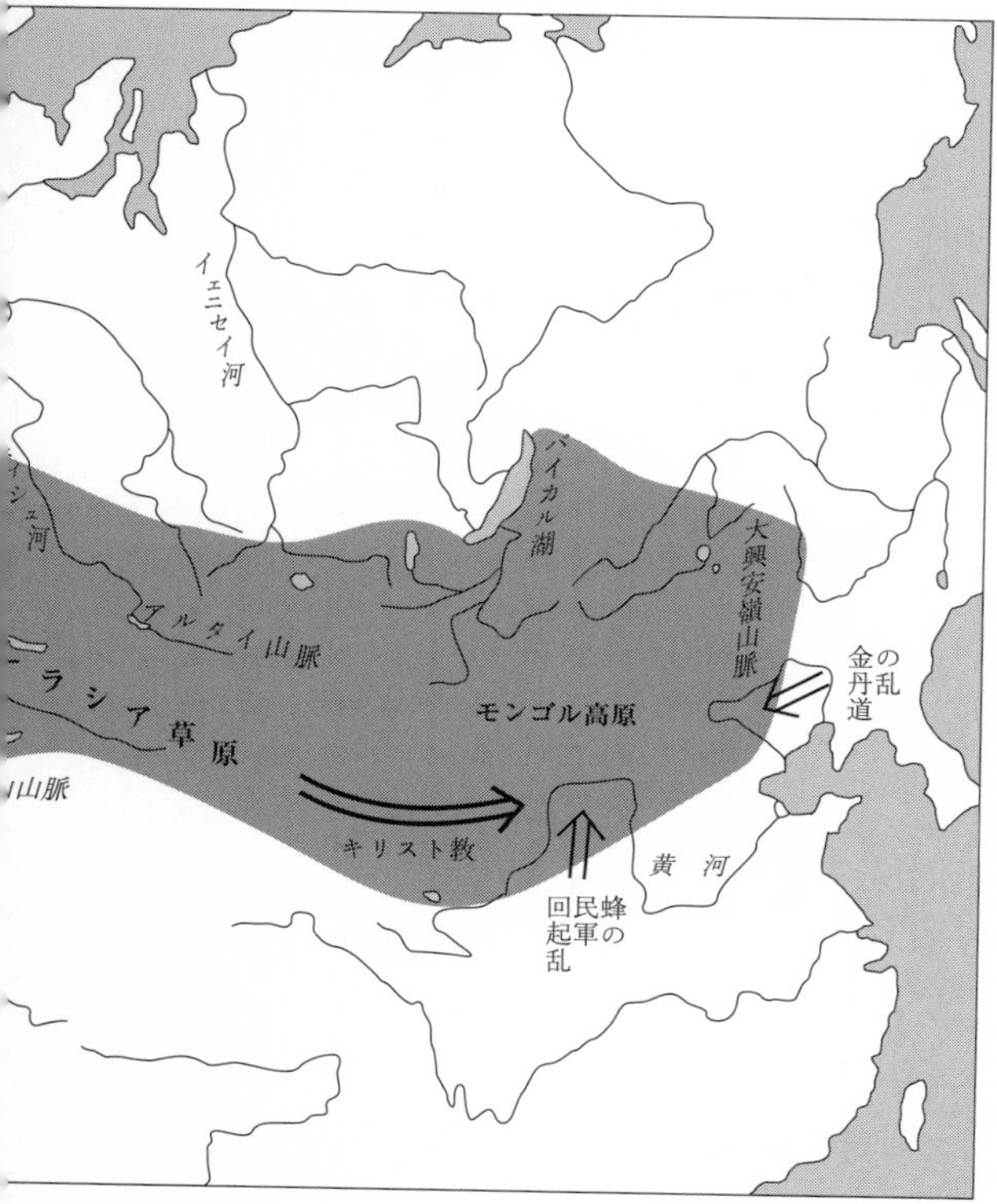

イェニセイ河
バイカル湖
シュ河
アルタイ山脈
ラシア草原
モンゴル高原
大興安嶺山脈
金丹道の乱
山脈
キリスト教
回民蜂起軍の乱
黄河

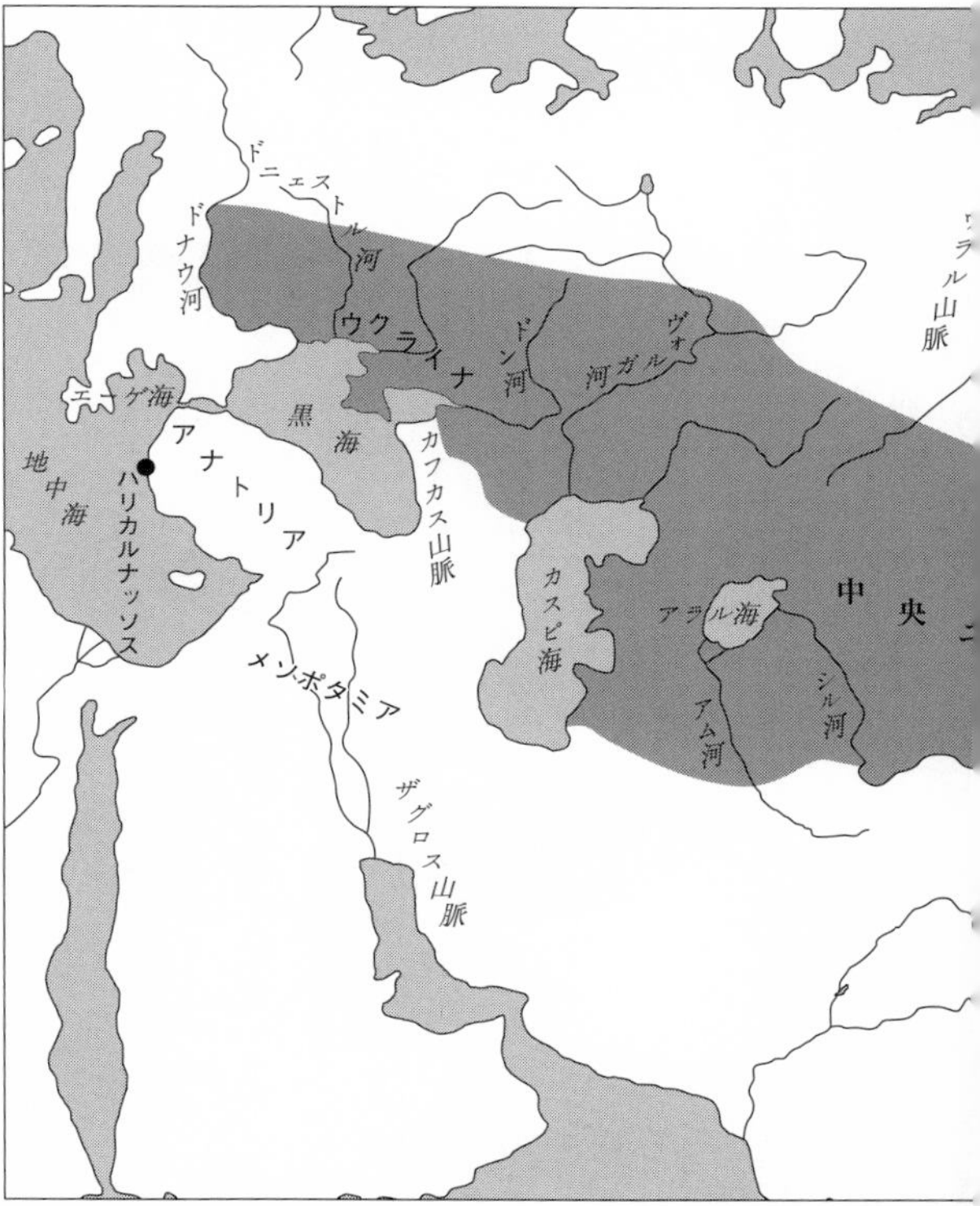

地図３　中央ユーラシア草原（宮脇淳子著『モンゴルの歴史』より改変）

重視しているので、民族地政学という概念を本書で呈示したい。それは、民族（nation）が地理学や政治学、そして近代の国民国家の形成過程で、他のどんな要素よりも重要な役割を果たしてきたからである。

換言すれば、歴史の中で形成された民族が、政治によって固有の領土が分割されたり、当事者の意向に反する形で他の国民国家に編入されたりした際の、あらゆる形式による抵抗、再編、紛争、鎮静化を指す、と「民族地政学」を定義しておきたいのである。

民族地政学は、民族の集合的記憶を思想的背景にしている。民族の集合的記憶は歴史の中で自動的に醸成されるが、他者の意志によって加工、変形は困難である。本書は、筆者がモンゴル人であることと、モンゴル民族の集合的記憶から生まれたものである。そのため、本書に貫徹されている理論も、内陸アジア、中央ユーラシアの一員であるモンゴルから見た、民族地政学の観点で書かれたものである。

†ユーラシアの「草地の韃子」と盆地型思想

特徴的な地理学の空間は政治権力に利用されるし、歴史はまた地理的空間を文明圏に作り変える。

モンゴル高原と中華世界は万里の長城によって区分される。もっとも、長城は古代の中国人が作った壁であるが、この人工的ラインの南と北では降雨量も霜が降りる季節も異なる。近代まで農耕が可能かどうかの境界地帯でもあった。聡明な中国人は農耕が可能な地域をできる限り囲い込み、それ以外は蛮人の地だ、と呼んで関心を示さなかった。中国の壁が建設されて以来、筆者が小さかった頃まで、中国人はモンゴル高原を草地《そうち》、荒地などと表現していた。草原というロマンチックな言葉は、戦時中に日本語から中国語になったものである。

中央アジアのカザフスタンの草原に暮らす牧畜民。1992年夏撮影。

草地である以上、そこの人間も野蛮人でなければならない。こちらは現在まで使われている表現だが、中国人はモンゴル人に対し、草韃子《ツオターツ》、野蒙古《イエーモンク》などのような蔑称を使う。こうした蔑称は歴史が始まって以来のことで、匈奴と突厥、それに蒙古などに対しても、すべてマイナス・イメージの文字が充てられている。ちなみに日本は倭で、「卑猥な小人」を指す言葉である。

これに対して、自身に対しては「中華」や中国といった尊大な表現を好む。何故、このような偏見に満ちた言語使用が定着したかというと、中国の農耕民が武力の面でずっと遊牧民に負け続けてきたからだと指摘されている。軍事力では劣るが、文化の面ではおれたちの方が進んでいる、と宋代以降の知識人たちが契丹《キタイ》からの圧力を受けていた頃からそう考えるようになったようである。こうした自己満足のための、負け惜しみに近い強引な解釈は、後に儒学者たちによって体系化され、朱子学や陽明学として定着し、思想となる。国力が不十分な時は自己満足に明け暮れるが、現代中国のようにある程度自信を持つようになると、全世界に対して、中国流のルールを受け入れるよう迫ってくる。いわゆる中華思想の発露である。これらはすべて、長城以南の空間で醸成された哲学である。

アメリカに住む四川省生まれの歴史学者にして医学者でもある劉仲敬はこうした中国哲学を「盆地型思想」と呼んでいる。世界の屋根たるチベット高原の東とモンゴル高原南部の中華盆地で、独自な進化を遂げた思想である。この盆地にユーラシアの文明は伝わってくるが、逆はほとんどなかった。それが「盆地型中国文明」の最大の特徴である。ちなみに中国文明の一部を日本も取り入れたが、それは近代までに他に選択肢がなかったからだ。

†遊牧世界の環境

遊牧民側はどうであろう。

答えは真逆である。遊牧民は自然に手を加えないことを生活の基本とする。草原に鍬《くわ》を入れるとたちまち沙漠に化してしまう。自分たちが燃料を探す時も枯れた灌木しか使わない。夏に山菜や野生の葱などを採ることもたまにあるが、決して根っこまで傷つけることはしない。私が子どもだった頃、草や灌木を根本から掘り起こして遊んだ時も、こっ酷《ぴど》く叱られたものである。現在でも、内モンゴルに隣接する地域から中国人が入って来て、野生葱や草花を根こそぎ掘り起こして持っていこうとすると、モンゴル人と対立する。こうした小さな資源をめぐる紛争は後を絶たないが、それは、遊牧民が自分たちの環境が極めて脆弱であることを経験的に知っているからである。

降雨量の多い地が人類の中の農耕民によって占拠された以上は、別の人々は家畜を伴って、乾燥地に生きるしかない。一見、緑の大地が果てしなく広がっていても、実際は草が疎らで、根も浅い。したがって、頻繁に移動しないと、その数少ない草も家畜に食い尽くされてしまう。このように、人類の一部が農耕世界より遥かに劣悪な環境を持続的に利用してきた御蔭で、農耕社会の安定した発展が可能であった、と遊牧文明研究家の松原正毅は唱えている。文明史的時間の流れの中で振り返ってみると、松原の指摘は正しいと言えよう。それは、遊牧民の人類に対する貢献である。この点は、内モンゴルに限らず、ユーラシア西部の黒海沿岸まで当てはまる、と従前の研究者たちも共有する見解である。

ついでに述べておくが、現代において満洲平野と内モンゴル東部地域の一部が穀倉地帯に変わっているが、それは日本がこの地に進出した結果である。日本が開発した寒冷地に適した品種の米などの農産物を日本人開拓民と朝鮮半島からの移民が現地に持ち込んだ結果である。農耕地の開拓という面でも、日本の現代史はユーラシアと連動しているのである。

†ティムールとダヤン・ハーン

地理学的な差異は政治勢力の展開に緩やかにではあるが、決定的な影響を与えて行く。このことは、十五世紀末から十六世紀初頭のユーラシアにおいて顕著に現れる。特に一四八〇年頃から大きな勢力変動がほぼ同時に勃発する。西ではスラブ系でモスクワ大公国のイヴァン三世がそれまで臣従していたハーン・アハメドから権力を禅譲される形で、ツァーを名乗るようになる。ハーン・アハメドはチンギス・ハーンの長男ジョチ・ハーンの系統を汲む、大オルドの君主だった。

キプチャク草原の遊牧民はロシアのツァーに対し、ツァガン・ハーンすなわち「白いハーン」と呼び、チンギス・ハーン家との特別なつながりを追認した。「白いハーン」はカスピ方面とウラル山脈へと進出を始め、ステップの遊牧民たちは次第にロシアとの国際関係にどう対処するかの問題に直面するように変わる。

遊牧民はほぼ例外なく、ジョチ・ハーンの系統を汲む者か、チンギス・ハーンの次男チャガータイ・ハーンの子孫かに統率されていた。ジョチ・ハーンの系統は西のキプチャク草原、チャガータイ家はその東のアラル海以東をそれぞれ根拠地にしていた。そして、チャガータイ系の東にはまたオイラト・モンゴルが盤踞《ばんきょ》していた。

オイラト・モンゴルの遊牧国家はジュンガル・ハーンと称された。このオイラト・モンゴルのさらに東に、チンギス・ハーンの四男トルイ家の者が各集団の長となっていた。このように、広大なユーラシアの草原地帯はほぼ例外なくチンギス・ハーン家の天下であった。

オアシスの農耕都市世界では、定住化の道を選んだ遊牧民たちがペルシア系の農耕都市民と融合し、イスラームを受け入れた。彼らは後に、ウズベクと自称するようになっていく。

西において、ロシア系のツァーリがモンゴル人から権力を継承した頃、東のモンゴル本土では、マンドハイという女性がある七才の貴族の男に嫁いだ。男の子はダヤン・ハーンと称し、「四十万モンゴル」から推戴された。ダヤンとは、大元のモンゴル語の発音である。ダヤンは、一三六八年にモンゴル人が大都（今日の北京）から草原に撤退した後も、ステップの政権の正式名称でありつづけた。ダヤン・ハーンとの帝号には、往昔の大元王朝《ウルス》を再興させたいという堅い意志が含蓄されていた。

ダヤン・ハーンは、その妃のマンドハイがずば抜けた才能を発揮して補佐した結果、「中興の祖」として歴史に名が刻まれた。ここで逐一、彼の功績を語る紙幅はないが、簡単に述べると、全モンゴルが再び統一されたことである。西のオイラトは四部からなっていたが、「四オイラト」も彼の権威に服従したのである。したがって、モンゴル語の年代記では、ダヤン・ハーンを「四十万と四部」のハーン、すなわち「遍くモンゴルのハーン」と敬意をこめて称している。

中央アジアのウズベキスタン共和国に残るティムールのアクサライ宮殿跡。2019年夏撮影。

西でウズベク系の集団を統合したエミル・ティムールが大帝国を築き上げた時代とほぼ重なるように、ダヤン・ハーンの統一事業はパミール高原の東方世界で進められていた。ステップは情報が交差するハブである。遊牧民は互いに出逢えば、「何か新しい情報はないか」と挨拶を交わす。ちなみに、中国人同士は「何を食ったか」と尋ね合って、食べ物にありつこうとする。中央ユーラシアの遊牧民と中国農耕世界の庶民は、価値観も異なっていた。

西の世界の政治変動は確実に東のモンゴリアにも伝わっていた。というのも、東の王子たちが権力闘争に敗れると、必ず西へ逃亡する。トルイ家の者がジョチ家やチャガータイ家に避難するようなドラマだ。逆もまた同じである。中央ユーラシアはエミル・ティムールとダヤン・ハーンによる統一の時代に入ったのである。

†右翼モンゴルの中央アジア遠征

ダヤン・ハーンは配下の全モンゴルを六つの万人隊に分け、万戸《トゥメン》と称した。万戸はさらに左右両翼からなり、モンゴル高原の東西に展開した。モンゴル人は太陽が昇る方向を南と見なす。南に面して立った時、左と東方が一致し、右と西方は重なる。右翼三万戸はオルドスとトゥメト、それにユンシェープで、モンゴル高原の西のハンガイ山脈からアルタイ山脈を経て、寧夏《ねいか》北部の祁連《きれん》山にかけて陣取った。左翼を成すチャハルとハルハ、それにウリヤンハイの三万戸は大興安嶺《だいこうあんれい》から北京の北口玄関まで勢力を張っていた。大ハーン自身はチャハル万戸を統括し、モンゴリア本土の正中心に根拠地を置いた。

ユーラシアのステップ地帯にダヤン・ハーンやエミル・ティムールのような雄略を抱く権力者が現れても、政治的統率はそれ以前の時代より遥かに困難になっていった。彼らの配下の別の有力者たちは、それぞれ地政学的な拠点を独自の政治世界に作り変えようとし

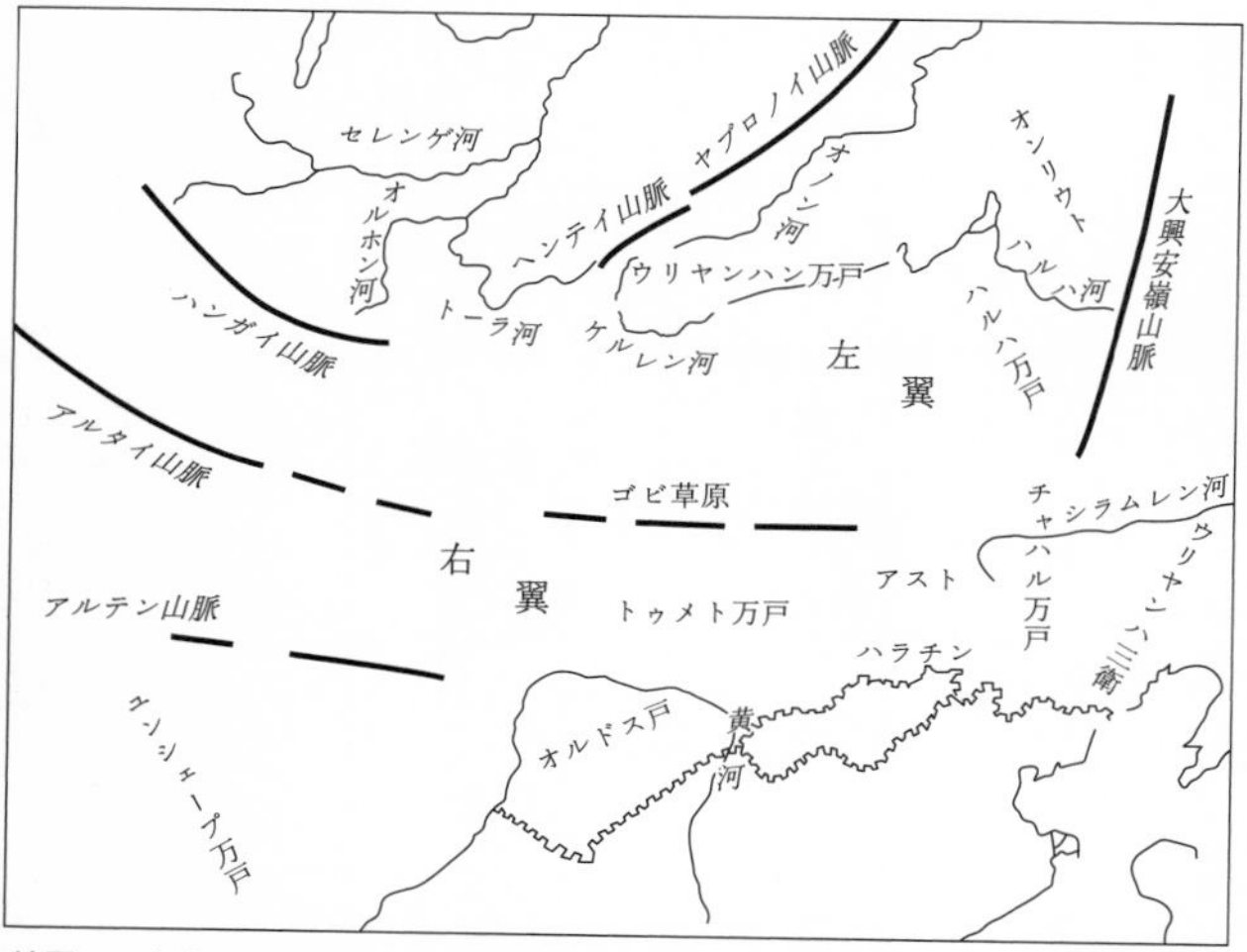

地図４　中世におけるモンゴルの六万戸の分布（宮脇淳子著『モンゴルの歴史』より改変）

たからである。グローバリゼーションに対するローカリゼーションの反動だったかもしれない。いや、ローカリゼーションもまたグローバリゼーションという大きな潮流の中の渦巻きである。今日の内モンゴルに拠った遊牧民はまさにそのグローバリゼーションを創建しながら、ローカリゼーションの道を歩んだ。言い換えれば、グローバリゼーションの歴史を推進した結果、ローカリゼーションたる内モンゴルが歴史の中で出現していくのである。

ダヤン・ハーンが六万戸を彼自身の王子たちに統率させた結果、次第に地域化の基礎が創られていく。六万戸のうち、実に五つが今日の内モンゴル地域をカバーするように遊牧していた。それは、中国との貿易の利権があるだけでなく、随時、大元王朝《ウルス》の領土を再び長城以南の世界にも確立しようという戦略を立てていたからである。そして、彼らは常に西の世界を国際政治の一環として理解していた。後世に大きな影響を残した事例を二つ挙げよう。

一五七二年から翌年にかけて、モンゴルの右翼三万戸のうちのオルドス万戸とトゥメト万戸は二度にわたって、中央アジア遠征を決行した。今日の内モンゴル中央西部のトゥメト地域とオルドス高原から軍を発し、河西回廊を通って、天山北麓を西へと進み、アラル海北西部のトグマグ草原に暮らすカザフの名君ハック・ナザル・ハーン（モンゴル語ではアハサル・ハン、一五三八〜一五八〇）の妃と三人のスルタン息子を捕らえた。

中央アジアのアラル海北岸に残るカザフ人の古墳。2018 年夏撮影。

オルドスから数千キロもの道を疾駆してカザフを討つ理由はどこにあったのか。トルイ家＝ダヤン・ハーン家はどうしてチャガータイ家の領地になだれ込んだのか。これについては諸説がある。ハック・

ナザル・ハーンはロシアとの貿易を順調に進めながら、その政治経済圏は東方の天山領域まで拡大しつつあった。一方のオルドス万戸もまた嘉峪関を通って西方から明朝中国に来る隊商路を抑えたうえで経済活動の利を得ていた。どちらがいわゆるシルクロードの主役になるのか、という経済利権をめぐる大遠征だったという仮説である。

ときのオルドス万戸とトゥメト万戸を率いていたのはホトクタイ・セチェン・ホン・タイジ（一五四〇〜一五八六）とアルタン・ハーン（一五〇八〜一五八二）である。ホトクタイ・セチェン・ホン・タイジはアルタン・ハーンの甥で、共にダヤン・ハーンの子孫である。中央アジアのトグマグ遠征から帰還した後、一五七八年に二人は右翼軍団を統率してギョク・ノールこと青海に入り、ここでチベットの宗教的政治的指導者のソノム・ジャムソ（ソナム・ギャムツォ）と会見する。一連の長い、華やかな儀式を経て、モンゴルとチベットは再び、大元王朝《ウルス》時代の国際関係を恢復した。ソナム・ギャムツォにアルタン・ハーンは「ダライ・ラマ」（海の如き智慧を持つ師）の称号を与え、師はアルタン・ハーンを転輪聖王の再来だと認定する。これらはすべて元朝の時にフビライ・ハーンと国師《グーシ》パクパとの関係の再現で、ユーラシア規模での檀家と帰依どころの関係の再構築である。モンゴルはチベット仏教を受け入れ、チベットはモンゴルの軍事力に守られる。

†チベット仏教の再移入と南北モンゴルの出現

では、どうしてこの時期にモンゴル人が突如としてチベット仏教を再び草原に移入したのか。こちらは結果論的仮説であるが、やはりイスラームの東遷を防ごうとした狙いがモンゴルの右翼万戸にあったのではないかということである。歴史はすべて結果論だろうが、一理はある。先に述べたカザフすなわちジョチ家とチャガータイ家がほぼすべてイスラーム化していた現象に、トルイ家が異議を唱えた形での西征であろう。イスラームもチベット仏教も西からの宗教で、その担い手はオアシスの農耕民と草原の遊牧民である。今日の内モンゴルに当たる地域に基盤を置く右翼三万戸のモンゴルがチベット仏教を受け入れたことで、ユーラシアの東西にイスラーム文明圏とチベット仏教世界が形成されたのである。

チベット仏教はまず、モンゴリアの南部、すなわち今日でいうところの内モンゴルに根を下ろした。アルタン・ハーンはチベットからの僧侶《ラマ》たちと、元朝滅亡後も草原でほそぼそと活動を維持していたモンゴル人僧侶たちのために都市を建設した。往昔の大都北京を模倣した都市の名をモンゴル語でフフホトといい、「青い都会」との意だ。フフホトの近辺にはまた明朝から亡命してきた白蓮教徒たちの村も連なり、遥か西のイスラーム世界からの隊商でにぎわった。遊牧民の家畜群の鳴き声とキャラバンのラクダの首に吊るした鈴の音が黄河のうねりと混ざりあって響いていた。フフホトは「遊牧都市」だった、と建築史家は位置づけている。

アルタン・ハーンのフフホトは、ゴビ草原（ゴビは、生態学的に沙漠ではなく、乾燥型ステップになる）の南側の一大政治、宗教センターとして発展していった。長城を挟んで中国本土にも近いところに大都の模倣都市を建設したのは、モンゴル帝国の復興を目指した雄略からであった。都市の建設は、時代の趨勢に合致した戦略である。

アルタン・ハーンは国政を運営する際も元朝の賢帝、フビライ・ハーンを模した。それは、政治と宗教を国家の二本柱とする治世理念で、チベットやインドの古代の理想的帝王の理念の継承と発展であった。宗教の面でアルタン・ハーンとその後継者たちを支えていたのは、モンゴルから与えられた称号、ダライ・ラマの栄冠を有する一派であった。

チベット仏教の力を借りて形成された政治、宗教センターはやがてゴビ草原の北側にも現れた。傑出した政治家でもあった三世ダライ・ラマがモンゴル南部のフフホトに滞在していた一五八六年に、モンゴル北部のハルハ万戸の有力な政治家アブダイ・ハーン（一五五四〜一五八八）が訪ねてくる。アブダイ・ハーンはダライ・ラマ三世から「持金剛の化身たるハーン」の称号を与えられる。この「持金剛の化身たるハーン」はそれまでに主としてチンギス・ハーンに対して用いられていた。ダライ・ラマ三世がハルハ万戸の指導者に「持金剛の化身」の称号を授けたことから、アブダイ・ハーンに対する評価は相当高まったといえる。

ダライ・ラマからの尊号をもらったアブダイ・ハーンはハルハに帰り、モンゴル帝国の帝都だったハラホリンの廃墟に巨大な伽藍エルデニ・ジョーを建立《こんりゅう》する。この時点で、モンゴルにもう一つの仏教を中心とした政治センターが出現したことになる。

モンゴル高原のエルデニ・ジョー寺院。手前に立っているのはモンゴル帝国時代の石碑。2019 年夏撮影。

私は、モンゴリア南部にフフホトという遊牧都市が、北部の帝都ハラホリムの遺跡の上にエルデニ・ジョーという大伽藍が相次いで出現したことで、南北モンゴルが形成された、と理解している。アルタン・ハーンもアブダイ・ハーンも、どちらも「中興の祖」ダヤン・ハーンの直系子孫である。この両者は政治的に敵対していたのではなく、時勢に沿ってチベット仏教を再度導入して治世にあたった結果、ゴビ草原を挟むようにして二つの権力のセンターがほぼ同時に現れたのである。ここから、南モンゴルと北モンゴルが次第に形作られていくことになる。政治と宗教が結合し、地理学的環境の異なるところで都市が建設され、近代型の権力のセンターが出現したことで、地政学の力が機能し始めたのである。

†ユーラシア草原の国際性

前例もある。十三世紀のモンゴル帝国時代も実質上、三つの都があった。最南端は夏の都、大都北京である。それから、今日の南モンゴルの中央部シリーンゴル草原に上都《シャンダ》があった。そして、本土最北に帝都ハラホリムが立っていた。どちらも、国際都市だった。カトリック教会の司教がミサを主宰し、イスラームの導師《イマム》はモスクで『クルアーン』を唱え、全真教の道士たちは修練の技を披露していた。したがって、アルタン・ハーンもアブダイ・ハーンもユーラシアの東方で遊牧民を統一して天下の統一を図ろうとしていたのである。

同様のことが、西モンゴルことジュンガル・ハーン国を成すオイラト諸部内でも並行して進んでいた。ジュンガル・ハーン国も当然、全モンゴルの支配と統一を目的とした雄大なビジョンを有していた。ジュンガル・ハーンの動静は瞬時に西隣のカザフ・ハーン国に伝わる。それだけでなく、ジュンガル・ハーン内の一部、トルグート部とドゥルベト部は一路西進してカスピ海の北岸に達して独自のハーン国を建立した。彼らはオスマン帝国とツァーのロシアと外交関係を結び、名実共にユーラシアの歴史を前へ前へと推し進めていたのである。

冷静に指摘しなければならないが、モンゴル側はチベット仏教を利用して治世に当たった。当のチベット仏教側も、転生活仏《かつぶつ》たちはほぼ例外なく卓越した政治家で、遊牧民の軍事力を活用してチベット王国の独立と繁栄に利用していた。活仏たちはモンゴルのハーンたちとだけでなく、パミール高原を越えて、東トルキスタンを経由して甘粛《かんしゅく》とギョク・ノールにまで浸透してきたイスラームの導師たちとも交渉していた。チベット高原は決してイスラームと無縁の地ではない。首都ラサの商業を支えていたのは、ほかでもないインドやカシミールからのムスリムたちであった。世界の屋根に暮らす政治家たちには、ユーラシアの草原地帯の政治が手に取るように見えていたのであろう。

†満洲人による権力革命

政治にとって、宗教は諸刃の剣だ。忘れてはならない事実は、アルタン・ハーンもアブダイ・ハーンも全モンゴルの大ハーンではなく、それぞれ右翼のトゥメト万戸と左翼のハルハ万戸のハーンに過ぎないということである。全モンゴルの大ハーンはチャハル万戸に鎮守するトゥメン・ジャサクト・ハーンであった。アルタン・ハーンが転輪聖王で、アブダイ・ハーンは持金剛の化身である、とダライ・ラマから認定されたことに対し、ときの全モンゴルの大ハーンは嬉しいわけがない。権力の架空化、大ハーン権力の没落につながっていく危険性があった。

チャハル万戸を統括して全モンゴルに君臨する歴世の大ハーンもチベット仏教のある一派を懐柔し、十世紀に勃興したキタイ（契丹）の都の一つ、白塔でフフホトとハラホリムと同様なことを試みる。十七世紀のリクダン・ハーンに至ると、彼はついに元朝時代から続いていた大蔵経《ガンジョール》のモンゴル語への翻訳をほぼ完成させる。サンスクリットとチベット語、それにモンゴル語を自由に操る草原の翻訳家たちは白塔とフフホト、それにハラホリムを頻繁に行き来しながら、モンゴル帝国時代から続けてきた文化事業の発展に力を注いだ。

西のステップでは、イスラーム神秘主義の導師たちが豪華絢爛なモスクを泉や河の辺に立てた。カザフのハーンたちもまたモスクを訪れては導師の言葉に耳を傾け、死後には聖者廟の近くで眠ることを善とした。カザフとモンゴルは平和共存し、軍事的衝突になりそうな時には、共通の祖先、チンギス・ハーンが定めた法律ヤサを確認し合って交流を深めていた。

チベット仏教を最も効率よく利用したのは、遼河流域の女真《じょしん》（女直《じょちょく》）人の子孫であろう。モンゴル帝国に滅ぼされた金国の後裔を自任する遊牧狩猟民たちの優秀な指導者ヌルハチは一五八八年に各集団を統一して、マンジュ・グルン（国）を樹立する。マンジュとは、文殊菩薩の音便で、満洲は当て字である。

文殊菩薩の化身たる満洲人のヌルハチはさらに後金国《ごきんこく》の建国を一六一六年に宣言する。彼はチンギス・ハーンの弟ハサルの後裔からなるホルチン部と聯盟してモンゴル最後の大ハーン、リクダン・ハーンに攻撃をしかける。リクダン・ハーンはギョク・ノールを占拠してから、オルドス万戸とハルハ万戸らを結集して満洲人と決戦したかったが、天然痘で逝去した。大ハーンが保持していた政治のシンボルである伝国の玉璽《ぎょくじ》と、モンゴル軍の軍神マハカーラの神像はチベット仏教の僧侶の手で満洲人に渡された。

モンゴルから大ハーンの玉璽を入手した後金国のホンタイジは一六三六年に、瀋陽で集会を開いた。ゴビ草原以南のモンゴル人たちと満洲人、それに遼河デルタの高麗糸漢人たちの推戴を受けて、ダイチン・グルンのハーンとなった。ダイチンが国名で、大清は当て字で、「大いなる清」ではない。

ホンタイジの即位は、ユーラシア草原世界において、未曾有の革命が起こったことを意味する。それは、チンギス・ハーン家以外の者でも、ユーラシア草原の遊牧民のハーンになれるという革命である。もちろん、彼はモンゴルの玉璽を受け継ぎ、南モンゴルの有力者、とりわけチンギス・ハーンの弟ハサル家からの推戴というパフォーマンスを演じた。

しかし、満洲人をハーンとして推戴したことで、ゴビ草原以北のハルハ万戸と南モンゴルの各集団との政治的対立も一層激しくなった。

†清朝の中国化

ユーラシアの革命王朝である大清《ダイチン》にはゴビ草原以南のモンゴルが先に、以北のモンゴル各集団は後に帰順した。清朝は配下の満洲人とモンゴル人などを旗（ホショー）という軍事行政組織に編成した。清朝一代の間、ゴビ草原以南のモンゴルでは四九の旗、六つの盟（アイマク）を設置した。ゴビ草原以北ではハルハ四部を八六旗に分けた。モンゴル人を盟と旗に分割するという政治的再編成（＝盟旗《めいき》制度）について、モンゴル史学者の宮脇淳子による研究があり、彼女の成果をまとめると以下のようになる。

内モンゴルや外モンゴルといった区別は元々なかった。先に満洲人の家来になったゴビ草原以南のモンゴル各集団も、東トルキスタンにいたモンゴル人も、そして一六九一年にようやく清朝の権威を認めたゴビ以北のハルハ・モンゴルも、すべて「外藩蒙古」だった。「外藩」を管理するのは理藩院だった。

ついでにいうと、乾隆帝《けんりゅうてい》によって併呑されたジュンガル・ハーン国の故地、東トルキスタンのムスリムたちも理藩院の管轄下に置かれていた。清朝がジュンガル・ハーン国を滅ぼした後、以前にボルガ流域に移動し、ロシアとオスマン帝国と接していたモンゴルの一部、特にトルグート部がユーラシアを大旋回して故地に帰還した。彼らは復讐の念に燃えていたが、沿路、カザフやノガイといったジョチ・ハーンやチャガータイ・ハーン系統の遊牧民に襲撃されて疲弊しきっていたので、「帰還」を表明しなければならなくなったのである。

聡明な乾隆帝もその真実を把握し、彼らをねぎらいながらも、各地に分散させた。今日、中国は政治的目的から、十八世紀に敢行されたトルグート部の大移動を「祖国への復帰」だと宣伝している。いうまでもなく、それは東トルキスタンの住民たちに愛国心を植え付けるためのプロパガンダに過ぎない。新たに征服したジュンガル・ハーン国の国土を清朝は新疆と呼んだ。新しい領域を意味する言葉である。

モンゴル人主体のジュンガル・ハーン国を滅亡に追い込み、テュルク系のオアシス住民からなる新疆の出現により、清朝は次第に変質していく。それまでの満洲人とモンゴル人の連盟の価値が相対的に低下し、「満漢一家」の時代に入っていく。清朝の中国化が始まる、と歴史学者の宮脇淳子は指摘する。

言い換えれば、満洲人の清朝はモンゴル人を動かしてユーラシア東部の一部、すなわちパミール高原以東を自国領に併合したことで、中国化、中国の一王朝になっていくよう変質した。ユーラシア側から見ると、西進の勢いを見せる満洲・モンゴル連合軍はそのままモンゴルとテュルク（突厥）、匈奴（一部、フン人化）といった先駆者たちの足跡を辿るかと思われたが、戦馬はついにイリ河から西へ走らなかった。満洲人は清朝を経営しながら、モンゴル人やロシア人、それにオアシスの住民らを通してインドやユーラシアと交流した。

†盆地国家の明王朝

清朝政府は全モンゴル人とムスリムを外藩として扱ったものの、内外という区分はしていなかった。時代は下って、一八八四年に漢人官僚の編集した『皇朝藩部要略』という地理学的概説書に「外蒙古」と「内蒙古」という表現が現れる。それは、漢人の地理学的認識の成果であった可能性が高い。匈奴が漢王朝を一時的に属国にしていた時代から始まり、宋がキタイの遼王朝に絹と金銭を朝貢していた時代を経て、ゴビ草原は一つの天然の境界線であったかのように漢人の眼に映っていたからであろう。

当のモンゴル人たちは太陽の登る方向に向かって立った時に、光が当たる胸をウブルと、背中をアルという。人間の身体に譬えるような自然認識で、ゴビ草原以南をウブル・モンゴル、それ以北をアル・モンゴルと表現する。実は、これと類似した事例が日本にある。中国山地を境として、山陽と山陰と呼ぶのに等しい。したがって、厳密にモンゴリアを描くならば、南モンゴルと北モンゴルとすべきではなかろうか。

ちなみに、モンゴル国の中央部にハンガイ山脈が横たわっている。そのハンガイの南はウブル・ハンガイで、北はアル・ハンガイである。誰も「内ハンガイ」や「外ハンガイ」などと奇妙な表現をしない。どう見ても、現代中国が拘る内外という言い方には政治的な匂いがぷんぷんするので、モンゴル人たちに極端に嫌われている。

ここまで、モンゴルと清朝の成立について述べてきたが、比較のために明王朝についても少し、触れておかねばならない。

中国人の明王朝は「韃虜《たつりょ》を駆逐して中華を恢復せよ」とのスローガンを掲げていた事実から、漢人ナショナリズムをベースにした政権であったと位置づけていいのではないか。宋あるいは明を近代中国の幕開けと見なす日本人歴史家たちの見解に即して言えば、早産の民族革命であったと理解しても差し支えはなかろう。

早産とは、ヨーロッパにおいて、ネーションの概念が定着するより少し早かったことを指す。それも無理はない。中国人の歴史はずっと、北と西の遊牧民と対峙してきた歴史である。遊牧民の方がモンゴリアから出陣して長城以南を討ってからは西へとシフトしていった。軍事的、文化的圧力を受け続けてきた中国は一度も西へ展開できなかった。遊牧民によって阻止されていたからである。当然、明王朝も例外ではない。明代の中国人たちは大概、万里の長城の上に立って、彼らが言うところの西域と「草地蒙古」を眺めていただけである。明はまた厳しい海禁政策を採り、臣民たちが舟に乗って探検に出かけることを制限していたので、大航海時代の世界史の主人公になれなかったのである。そういう意味で、中国人の明王朝も、研究者たちが言うところの横断山脈以東の盆地国家であったのである。

分断政治の人生

近代の民族主義の前に立った時、中国のこの古い力（諸民族を吸収しながら領土的に膨張する方法＝著者）は一つの弱点となった。蒙古人、チベット人、中央アジアの中国の臣下、それに中国語を話す回教徒の多数までが、各自の母国語やほかの重要な文化的特徴の放棄を代償として要求する中国人の「平等」を拒否している。（ラティモア著、小川修訳『アジアの情勢』河出書房、一九五三年）

モンゴル人が清朝の支配下に入ってから、最初の二百年間は満洲人統治下の平和、パックス・マンチュリカの暮らしを送った。しかし、大きな代償も払った。清朝が設置した盟《めい》旗《き》制度により、大規模な、長距離移動は禁止された。限られた空間内で長期間にわたってとどまっていると、牧草地の劣化をもたらす。家畜の頭数が減るにつれ、毛皮も取れなくなる。仕方なく、日干し煉瓦で建てた固定建築に入るが、みすぼらしく、遊牧民の開拓精神そのものが蝕まれていく。土地にしがみつく定住生活を堕落と見なす風土から、遊牧を維持していた地域と、そうでない地域との間に対立が生じる。

モンゴル人社会の停滞と精神的退廃に乗じて漁夫の利を得たのは、中国人すなわち漢人である。あたかも疲弊しきったモンゴル人社会にとどめを刺すかのような出来事は二つ、清朝末期に起こった。モンゴル高原南西部を襲った回民蜂起と、東部大興安嶺南麓になだれ込んだ金丹道《きんたんどう》の反乱である。この二つの動乱は、ユーラシア大陸の地政学の近代的変動の一環で、二十世紀に至るまでのモンゴル人の生き方を決定づけた。本章では、複数のライフヒストリー(人生史)を呈示して、この激動の時代を描く。

†イスラームの蜂起とその影響

一八六二年。陝西《せんせい》省中部の渭水盆地でイスラームを信仰する回民(現代の回族の先人)と漢人の衝突が生じた。漢人側が豚肉を回民の井戸に放り込んだことがきっかけとされている。ムスリムは豚を不浄な存在と見なし、決して食用しないので、宗教上の対立に発展していく。回民と漢人はさらにそれぞれの武装勢力を巻き込む。

これらの武装勢力は、太平天国の反乱軍を鎮圧するのに、清朝政府によって動員されたものである。太平天国はキリスト教の千年王国運動の形を借りながら、限りなく中国の民間宗教の秘密結社の思想と結合していた。ここで、中国化したキリスト教とイスラーム、そして無信仰の漢人という複雑な民族間紛争が一気に勃発したことになる。

翌一八六三年、陝西省から北上した回民蜂起軍は万里の長城を突破してモンゴル高原最南端のオルドスに闖入してくる。蜂起軍の指導者の多くは、門宦《もんかん》の教主《シャイフ》だった。

門宦とは、スーフィー教団を指す。門宦の数は多いが、思想的にはほとんど東トルキスタンこと新疆や中央アジアのナクシュバンディー教団に淵源する。門宦の信徒たちは新疆の聖地への巡礼などを通して中央ユーラシアの東部世界と頻繁に交流していたので、蜂起の情報も瞬時に西に伝わる。一八六四年になると、南新疆のクチャやカシュガルでもムスリムの蜂起軍が清朝政府軍を追放して、オアシスごとに地方政権を一時、樹立した。

この時代、満洲鉄騎という言葉はすでに死語に近かった。満洲人騎馬兵はとっくに歴史の彼方に消え、彼らのほとんどは大都市で優雅な貴族の生活を送っていたので、前線に赴いて戦死する気風は消滅して久しい。万策尽きた清朝は仕方なく南中国の漢人軍閥の膨張を容認する。曾国藩《そうこくはん》や左宗棠《さそうとう》など湖南省系統の私兵である。これらの私兵は太平天国の乱を鎮圧してから、そのまま回民蜂起軍を殲滅するのに動員されてモンゴルや東トルキスタン、甘粛とギョク・ノールこと青海へと向かった(前掲地図3参照)。

湖南省は古くから湘《しょう》と呼ばれてきたので、この地出身の私兵は湘軍《しょうぐん》と呼ばれた。湘軍はイスラーム勢力の掃討で一大勢力に発展する。湘軍の左宗棠は、陝西省から寧夏《ねいか》を経て、新疆に至るまでの各地で「洗回《シーホウイ》」を行った。「洗回」とは、文字通り、大量虐殺を意味する。

湘軍は虐殺を働いて、満洲人の皇帝のために功績を立てた。満洲皇帝も当然、「満漢一家」を演じて彼らを厚遇した。清朝は回民蜂起軍を鎮圧したが、同時にこの反乱を契機にユーラシア東部の遊牧王朝から完全に中国政権に変質した。湖南省出身の軍人と政治家たちは清末から中華民国を経て現代中国を作っていくことになる。中華人民共和国を樹立した毛沢東はまさにこのような湘人勃興の歴史の産物である。毛もまた湖南省から生まれた政治家だからである。

†イスラーム教徒が引き起こした民族移動

回民の祖先は元々、モンゴル帝国時代に中央アジアから元朝にやってきたテュルク系やペルシア系、それにアラブ系の人たちの後裔である。彼らは色目人と総称され、元朝各地に任官し、定着していった。漢人ナショナリズムで固められていた明朝期では厳しい弾圧を経験しながらも、中央アジアとの思想的な交流は決して断絶しなかった。

清朝末期、これらのナクシュバンディーの道統を引く回民蜂起軍は私の故郷オルドス西部に八年間も盤踞し、その一部はさらに黄河以北のアラシャン、ゴビ草原以北のモンゴル

ギョク・ノールこと青海省の省都西寧市に建つモスク。元朝末期のものであるが、習近平政権になってから、天上の円形ドームがアラブ的とされて破壊された。2010 年夏撮影。

高原の南西部にまで侵入した。満洲人だけが貴族化して戦えなくなっただけでなく、八年間も追い出せなかったモンゴル人も無能であった。満洲人は、その最強の同盟者のモンゴル人が軍事力を保持するのを許さなかったからである。

我が一族は一八六〇年代までは長城のすぐ北側、トゥーキ・トーリムやドゥクムという草原で遊牧していた。長城の南側は陝西省の靖辺《せいへん》県である。回民蜂起軍が長城以南から草原に乱入した時、我が一族は仕方なく北へと避難した。途中、親族の多くは戦死した。生き残った者は戦死者が残した孤児たちを育てた。これも、モンゴルの古い伝統である。

長城の北麓からおよそ百五十キロ北上した草原で、我が一族はようやく一八七一年頃に安住の地を得ることができた。筆者の五代前の祖先の時のことで、シャン・トロガイという地に小さな天幕を張った。

シャン・トロガイとは、「宮殿のように聳え立つ丘」との意である。モンゴル人は天幕《ゲル》を張る際に、地勢を見る。夏は風通しの良い冷涼なところに、冬は偏西風を避けて丘陵や山の東側を選ぶ。

我が一族が張った天幕の跡はシャン・トロガイ丘の東側の草原にあった。草原に立つと、百五十キロ先の長城の上の烽火台がくっきりと見える。遊牧民が接近してくると、中国軍は烽火台で煙を出す。夜なら、火を焚く。烽火台は数キロごとに建設されて、延々と古都西安まで続く。古代中国で発達した最速の情報伝達装置であろう。遊牧民の戦馬と烽火台の煙、どちらが速かったかな、と子どもの頃から不思議に思っていたものである。祖先たちもきっと、長城の上の烽火台を眺めながら、望郷の念を抑えきれなかったに違いない。

回民蜂起軍の出現は諸民族のドミノ的移動を引き起こした。元々長城の北側で遊牧していたモンゴル人はそれまでの草原を捨てて北遷した。モンゴル人はたまに長城以南の漢人都市に入って穀物やその他の生活用品を調達する。漢人はモンゴル人の家畜と毛皮を欲したので、物々交換は盛んだった。どちらも清朝の臣民であっても、漢人の越境は断じて許されなかった。彼らの一部はモンゴル人貴族の許可を得て、長城以北の草原を開墾していた。そうした漢人たちも春に種を撒き、秋に収穫してから帰国するので、雁行民と呼ばれていた。漢人は収穫した穀物の一部をモンゴルの貴族に地租として支払い、モンゴル人と良好な関係を作っていた。

しかし、回民蜂起軍に追われるように、数十万人もの陝西省の漢人難民がオルドスとアラシャン、それにフフホト近辺に逃げてきた。彼らはそのまま定住し、長城以南の貧しい故郷に戻ろうとしなくなった。最初は難民の立場をわきまえ、謙虚な態度でモンゴル人と接していたが、やがて人数の面で先住民を凌駕するようになると、態度はがらりと変わった。モンゴル人の家畜を略奪するように豹変したのである。場合によっては、回民蜂起軍よりも悪質な暴虐を働くように変わったので、モンゴルと漢人との紛争は激化していった。

モンゴル人が清朝政府に訴えても、満漢一家を優先するように変質した朝廷はまともに取り扱おうとしなかった。それどころか、逆に「借地養民《しゃくちようみん》」政策を打ち出してモンゴル人に突き付けた。文字通り、モンゴルの土地を借りて漢人難民を養う、という偏った政策である。漢人を優遇しなければ、清朝そのものが転覆される危険性が迫っていたからである。パックス・マンチュリカ（満洲人統治下の平和）の下で、漢人人口は乾隆帝時代に四億に達していたと見られている。満洲人のおかげで中国の人口が増加したが、その中国勢力が満洲人の支配を脅かすようになってきたのである。

†西洋の古い知識と新しい冒険

清朝には内憂だけでなく、外患も重なった。第一次アヘン戦争（一八三九～四二）後の「南京条約」と第二次アヘン戦争（一八五六～六〇）を経て、清朝は西欧列強から突き付け

カトリックが言うところの「南モンゴル教区」で布教活動に携わっていた宣教師たち。Jozef Van Hecken, *Mgr. Alfons Bermyn, Dokumenten over het Missieleven van een Voortrekker in Mongolië*, Drukkerij-Uitgeverij Hertoghs, Wijnegem, 1947 より。

られた複数の条約に署名した。そうした条約の中には、キリスト教の自由な布教活動も含まれていた。キリスト教側はそれまで皇帝の身辺まで近づき、西洋の科学技術を伝え、限られていた地で細々と信者獲得に勤しんでいた。アヘン戦争後はさらにより広い地域での布教権を獲得できた。そこで、カトリックなど様々な宗派が北京から長城を北へと越えてモンゴル草原に入ってきた。カトリックは、モンゴル高原南部を独自に「南モンゴル教区」と位置づけた。「内モンゴル」ではなく、南モンゴルと表現したことは、カトリック側に知識があったことの証明である。

カトリック側は先に長城のすぐ北側のチャハル草原で拠点を作り、少しずつ信者たちを増やしていった。彼らは先にモンゴル人の僧侶《ラマ》、すなわちチベット仏教僧と教理問答を繰り返して、改宗させる戦術を取った。

改宗した元僧侶の案内で、カトリック教の一派が一八七四年春にフフホトを経由して、オルドス高原に現れた。途中のフフホト近郊に一部の宣教師たちが居残ったが、彼らの最大の関心はオルドスであった。オルドスにはかつてのオルドス万戸が遊牧し、フフホトはトゥメト万戸の草原であった。オルドス万戸はチンギス・ハーンを祀る祭殿を維持し、その祭祀活動に従事する特殊な儀礼集団である。政治的地位の高い集団は当然、宣教師たちにとって、魅力的である。

それだけではない。宣教師たちはまた胸の中に一つの大きな夢、ないしは宗教上の義務を潜めていた。それは、「消息を絶って久しくなったクリスチャンの同胞たち」を発見することであった。元々、モンゴル高原の有力な集団、例えばケレイトやナイマンなどはネストリウスの信者で、その指導者のハーンは西方からプレスター・ジョンと称されていた。モンゴル帝国が成立した後、一二五二年に帝都ハラホリムを訪れたペルシア人やヨーロッパからの旅行家たちも現地の豪華絢爛な基督教会堂を見学し、ミサに参加していた。

帝都より南、今日の内モンゴル中央部のオロンスメの地にはオングートというテュルク系の遊牧民集団がいて、彼らの王家もまたネストリウス教徒であった。元朝期になると、一二九三年にモンテ＝コルヴィノのジョン修道士は大都北京を経由して、オングートの王府に到着し、彼らをカトリックに改宗させた。元朝の皇帝が大都から草原に戻ってからは、

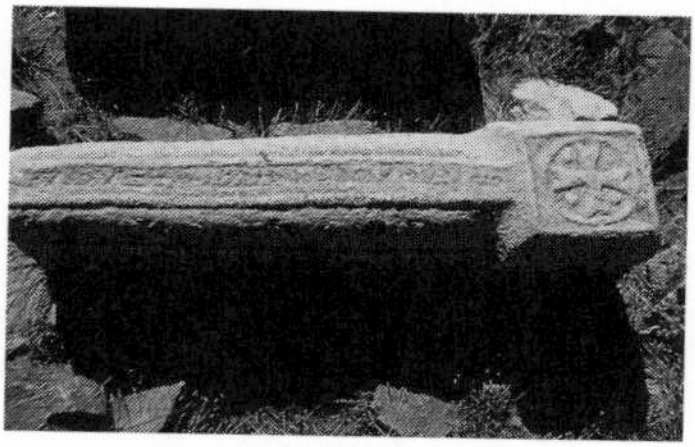

かつてのオングートの故地、今日のシャラムレン草原に残るネストリウス教徒の墓石。十字架がくっきりと見える。2006年春撮影。

ネストリウス教徒やカトリック教徒に関する情報は西洋に伝わらなくなっていた。隔絶されたユーラシアをイスラーム勢力が席巻している、という現実は西洋にも分かっていた。

元朝期のオングートの草原を根拠地にしていたネストリウス教徒たちは、オルドスにいるのではないか、と薄い期待感を抱いた宣教師たちは一八七四年春にオルドスに入った。彼らはオルドス東部のジュンガル旗の王の宮殿で歓待を受けてからさらに西進して、高原最西端のウーシン旗を目指した。古い知識を温め直してからの、新しい冒険の始まりである。

†布教を認めた清朝の狙いと宣教師の戦略

黄河を挟んでフフホトに近いジュンガル旗と、最西端のウーシン旗の王は当時のオルドス・モンゴルの実力者で、親しい間柄にあった。彼らは共にチンギス・ハーンの直系子孫で、イスラーム教徒の回民蜂起軍を撃退した後に北京へ行く途中のチャハル草原でキリスト教会堂を見学していた。西欧に知的な関心を寄せる二人の若い貴族と、布教の精神に燃える宣教師たちの思惑は一致し、オルドス訪問が決まった。清朝皇帝の意志は推測しがたいが、朝廷もオルドスでの布教に許可を出した。かくして、カトリック教は正式に、オルドス高原で活動を始めたのである。

この時のオルドスとその周辺地域は内モンゴル、いや、ユーラシア東部でも重要な位置を占めていた。オルドスの東部と北部は連綿たるモンゴル高原で、清朝の後背地、ホームランドの満洲平野につながる。西のアラシャンは河西回廊を挟んでチベットと東トルキスタンに近い。黄河以西の寧夏と甘粛は、「洗回《シーホウイ》」というジェノサイドの嵐を生き抜いたムスリムたちが定住させられたところである。長城の南は、民心の動揺が激しい漢人地域である。モンゴルと回民、それに漢人という三民族が三つ巴式に陣取るオルドス高原に西欧からの勢力が根を下ろしたのである。民族と宗教はこうして特定の地域の地理学的重要性を高めたし、重要度が高かったからこそ、民族と宗教の力学もまた活用されたのではなかろうか。

賢い宣教師たちは博愛精神からなのか、信者獲得を再優先としようとしたためか、オルドスに避難していた漢人難民社会でも布教を始めた。クリスチャンになれば、土地を与える、とまで約束した。土地と言っても、それは元々モンゴル人の草原である。「南京条約」と「天津条約」、それに「北京条約」など一連の不平等条約によって宣教師たちの政治的権限が保障されていたとはいえ、モンゴル人の草原を勝手に中国人に譲渡する内容は一切含まれていなかったのである。明らかに越権行為である。

信仰よりも実利優先の中国人は、西洋からの「金髪碧眼の野蛮人」は隣の「黄毛韃子《ホワンモーダーツ》」であるモンゴル人よりも国際的に優位に立っている、とすぐに分かった。オルドスとフフホト周辺に侵入していた中国人難民は雪崩を打って改宗し、「土地を持つ農民」としての地位を西洋人から得たのである。西洋からの宣教師たちは、中国人に信仰の救いを与えただけでなく、生活の基盤である土地までをモンゴル人から略奪して引き渡したのである。モンゴル人の土地は中国人農民の垂涎《すいえん》の対象だった。欲しくても清朝皇帝から下賜されることがなかったものを、西洋列強は聖母マリアの信仰と共に中国人に付与したのである。

モンゴル側は当然、西洋からの宣教師たちの越権行為に憤慨し、抵抗した。それまで回民蜂起軍と戦っていた騎兵を動員して教会と漢人改宗者の村を包囲した。一九〇〇年頃になると、漢人社会内から義和団と称される「拳匪《けんぴ》」集団が現れて、カトリック教団と戦った。清朝政府は動揺が激しく、有効な政策を一向に打ち出せなかった。まもなく、モンゴル人たちはカトリック側と和解し、さまざまな交流を始めた。カトリック側もモンゴル人社会内に深く溶け込んでいた、かつてのネストリウス教徒の一団を発見したが、再度、改宗させることは実現しなかった。

二十世紀に入ると、カトリックも内モンゴルのモンゴル人も、共産主義の暴力的洗礼を受けねばならなくなった。毛沢東の率いた紅軍が南中国から北へと逃亡を続け、最終的に一九三五年冬に陝西省北部の延安とオルドス南部に落ち着く。

毛沢東と紅軍は不名誉な逃亡を「北上抗日」や「長征」と言い換えて、中国人と世界を騙した。中国共産党が「革命根拠地」と呼んだ陝西省北部とオルドス南部こそが、カトリックの布教センターと化していたところである。当然、両者は激しく対立した。「宗教はアヘンだ」と認識する中共は北上途中も一路、教会と宣教師を「西洋帝国主義の侵略のシンボル」と見なして破壊と処刑を繰り返していた。オルドスでもその革命の伝統は踏襲された。オルドス西南部と陝西省北部の教会は姿を消し、一九五四年になると、最後の宣教師たちも国外追放となった。モンゴル人の土地を奪って豊かになった中国人クリスチャンたちはそのまま定住して現代に至る。

†金丹道がもたらした民族間紛争

モンゴル高原の南西部に暮らすモンゴル人たちがようやく穏やかな生活を始めた頃の一八九一年十月九日深夜、漢人の暴徒たちが内モンゴル南東端のオーハン旗の王府を襲った。彼らは紅い帽子や頭巾を集団のシンボルとして使っていたので、「紅帽子」や「紅巾族《こうきん》」とも呼ばれたが、全員、金丹道《きんたんどう》という秘密結社のメンバーだった。金丹道が白蓮教の支流であったことと、紅い頭巾を巻いていたことなどから、元朝末期に反乱を起こした紅巾族を模倣していた節がある。

金丹道には極めて明確な政治的目標があった。「モンゴル人と満洲人を打倒して土地を奪おう」というスローガンを彼らが掲げていた事実から見ると、民族間紛争であったと断定できる。「モンゴル人に出会えば、全員殺せ」との信念から殺戮を働き、僅か二カ月足らずの間で十万人近いモンゴル人が殺害され、十数万人が故郷を追われた。

日本では長い間、マルクス主義歴史観に即した研究が主流を成し、金丹道の暴動を「抑圧する満洲清朝に対する貧しい農民の蜂起」との視点で捉えてきたが、近年ではそうした観点は完全に否定された。金丹道の性質は、漢人の秘密結社がモンゴル人を追い出して草原を占領しようとした民族間紛争であった。

金丹道教徒の暴動は、「興安嶺南麓のモンゴル人居住地域全体におけるモンゴル人の農耕化に拍車をかけた事件であった」、とモンゴル人歴史学者のボルジギン・ブレンサインは指摘する。漢人暴徒が及ぼした政治的影響は内モンゴル南東部のジョソト地域とその周辺にとどまらず、内モンゴル東部全体に深刻な衝撃を与えた。それは、一口で言えば、殺戮という方法でモンゴル人の草原を奪い取って、農耕地に変える方法が有効である、という暴力論の生成と定着である。言い換えれば、漢人はモンゴル人に対し、すぐに暴力に訴えでる手段を発見したということである。ここから、モンゴル南東部における民族間紛争が一層、激しくなっていくのである。

十九世紀末の長城以北のモンゴル高原全体を見渡すと、その西南端と東南端が突出して民族間紛争地に変わっていた事実に気づく。西南端ではモンゴル人対漢人、漢人対回民、清朝対西欧列強という三つ巴である。宗教もチベット仏教とイスラーム、それにキリスト教が相互に拮抗する。東南端ではモンゴル人対漢人で、それぞれチベット仏教と白蓮教を信仰する。支配者の満洲人が有効策を打ち出せなかったのも一因となって、漢人からの一方的な暴力が次第に勢いを増していった。当然、漢人は満洲人をも敵視していたので、「韃虜を駆逐して中華を恢復せよ」という孫文の誕生は時間の問題であった(前掲地図3参照)。

†新旧二つの帝国による分断

民族間紛争の激化したところに、西欧列強の一つ、ロシアがユーラシア大陸を通って南下してくる。ロシアは新興帝国の日本と衝突する。かくして日本とロシアはモンゴル人と満洲人の故郷で一戦を交える。日ロ戦争である。東南端に暮らすモンゴル人は日本側に就き、馬隊《またい》を結成して先導した。日本とロシアで広く知られているバボージャブもそのような一人であった。かたやロシア側でも騎兵を編成していたのは中央アジア出身の者が多かった。ユーラシアの視点から見れば、日ロ戦争も一面ではユーラシアの遊牧民がそれぞれ新しい盟主に追随して相まみえた性質を帯びている。

日ロ戦争の後、双方は複数の秘密性の高い条約を交わして、勢力範囲を画定した。ここから、日本の勢力範囲となったモンゴル高原の東南端は、「東部内モンゴル」や「内モンゴル東部」という風に、政治化した民族地政学的概念として定着していく。

日本の勢力下に入った結果は、内モンゴル東部の民族地政学的性質が最終的に形成されたことを意味する。この時代から、大勢のモンゴル人たちが日本に留学してくる。日本からの軍事的進出と移民もまた増加していく。満洲事変を経て、満洲国は一九三二年に誕生する。清朝の遺民たる満洲人が満洲国の成立を喜んだだけでなく、東部内モンゴルのモンゴル人も歓喜した。日本の力で中華民国からの独立が可能だ、とモンゴル人は理解したからである。当然、日本もモンゴル人に対し、独立支持を約束していたのである。内モンゴル南東部に出現した満洲国は「五族協和」を標榜していたので、国際性豊かな国家であった。日本も満洲国を建立《こんりゅう》したことで、自身の歴史をユーラシアと結びつけることに成功したのである。

ロシアの勢力範囲に入っていたのは、ゴビ草原以北のモンゴルである。日本とロシアが、モンゴル人の意向を聞かずに勢力範囲をモンゴル草原で画定したことで、南北（内外）モンゴルの政治的分断、地政学的断裂がより一層深まった、と理解していい。ゴビ草原以北のモンゴル人はロシア人の支援を得て、清朝から独立した。もちろん、南モンゴルのモンゴル人たちも新生の独立国家に加わろうとしたが、草原に侵略してきていた中国人軍閥に阻止された。北モンゴルもゴビ草原以南の同胞たちを解放しようとして五路からなる軍隊を送ったものの、その都度、ロシアと日本の介入により、失敗に追い込まれた。新旧二つの帝国の出現により、南北モンゴルの分断が一層決定的となったのである。

†社会主義による分断と復讐

統一国家の実現が見通せなくなっても、北モンゴルのモンゴル人たちは民族の解放と統一を諦めなかった。彼らはロシアに留学して、近代思想と技術を学んだ。ロシアがソ連に変わると、モンゴル人エリートたちも自国をモンゴル人民共和国に変えて、社会主義陣営の二番目の国家となった。ユーラシアのテュルク・モンゴル系諸民族もほぼ例外なくマルクス・レーニンの思想を学び、実践する時代に入っていったのである。この時代をモンゴル人は、「異なる国家に分断されながらも、共に社会主義を建設する時期」と位置づけている。

文化大革命中に中国人からの暴力を受けるモンゴル人。筆者蔵。

モンゴル人民共和国と対照的なのは、中華人民共和国だ。暴力行使が異民族統治の最強の手段だ、と金丹道から経験を積んだ漢人たちは中国が社会主義に変わっても、虐殺を放棄しなかった。一九五八年にはモンゴル人の知識人を三千九百人以上も粛清した。つづいて一九六六年から文化大革命が勃発すると、三十四万人を逮捕し、二万七千九百人を殺害し、十二万人を負傷させて障碍を残した。当時、内モンゴル自治区のモンゴル人人口は百五十万未満だったので、凡そ五十人に一人が殺害され、すべての家庭から逮捕者が出たほどである。暴力の急先鋒を演じた中国人たちは金丹道と全く同じスローガンを口にしていたので、名実ともにジェノサイドであるとモンゴル人たちは認識している。

モンゴル人に冠された「罪」は二つある。

一つは日本が進出してきた時代に「日本帝国主義者に協力した罪」で、もう一つは日本の統治が幕を閉じた後に、モンゴル人民共和国と統一を実現しようとした「祖国分裂の罪」である。前者は、西欧列強の東遷に対する反動として日本が西進しようとした歴史の大変動に巻き込まれた結果に対する清算である。後者は、十九世紀末から世界中でポピュラーだった民族自決主義の思想に対する否定である。西欧列強と日本との衝突はモンゴルを舞台にしていた。民族自決主義の思想は人類が近代に入ってから掲げた崇高の理念の一つである。

中国はこの二つを同時に否定して、自国だけが正しいことをやっている、と動いてきたので、日本やモンゴルとも対立するようになった。歴史的にユーラシアの主人公に一度もなれなかった中国は必然的に被害者史観、狭い中華中心思想の陥穽に陥ってしまう。理由は簡単だ。日本の大陸進出に対して、中国は軍事の面で勝てなかったからである。ソ連とモンゴル人民共和国連合軍が満洲と南モンゴルを解放した事実は、中華思想を尊ぶ中国人の自尊心を傷つけた。憎むべき「日本帝国主義」を降伏させたのも、「抗日」していた中国ではなく、後から参戦したアメリカである。宿敵のモンゴルが戦勝国の一員であったことも、中国人の自負を辱めたのである。文化大革命期のモンゴル人大量虐殺は、歴史に対する復讐である。中国による大量虐殺はこの地域に根深く存在してきた民族間紛争をさらに複雑な構造へと変化させたのである。

†国民国家が民族の統一を阻む

視点を再びモンゴル人の人生史に転じてみよう。

回民蜂起軍から逃れようとして北上して、シャン・トロガイという草原に住み着いた我が一族もすべてのモンゴル人と同じように、一九一二年春の清朝の崩壊を迎えた。モンゴル人は清朝の皇帝を「満洲のハーン《マンジュ・イン》」と呼んできた。「満洲のハーン」の退位と共に、モンゴル高原に新しい「聖なるハーン《ボグド》」が誕生したニュースもすぐに伝わってきた。ボグド・ハーンの年号はオロンナイ・エルグックドゥグセンで、古代インドに現れた人類最初の王国の国王の年号と同じで、漢字では「共戴」と表現する。

ボグド・ハーンはチベット人で、ジェプツンダムバ・ホトクトの称号を有する活仏《かつぶつ》であった。初代ジェプツンダムバ・ホトクトは一六三五年、すなわちモンゴル最後の大ハーン、リグダン・ハーンが逝去した翌年に、チンギス・ハーン家に生まれた。ゴビ草原以北のハルハ万戸の指導者、トゥシェート・ハーンの息子である。

トゥシェート・ハーンの王子が、活仏ジェプツンダムバ・ホトクトである、と三世ダライ・ラマによって認定された。そのダライ・ラマ本人も、モンゴルのアルタン・ハーンの庇護下にあったことは、前に述べた。モンゴルとチベットの相互利用の戦略である。

賢い清朝の皇帝はチベット仏教の高位の活仏が、聖なるチンギス・ハーン家から生まれ代わり続けることに危機感を覚え、わざわざ遠いチベットかギョク・ノールから転生するよう命じた。それでも、歴代ジェプツンダムバはモンゴル人として生き、モンゴルの政治運営に関与した。

ジェプツンダムバ・ホトクトの権威はゴビ草原以南のオルドス高原にも及んでいたので、筆者の一族もすべてのモンゴル人たちと同じように、これで民族の統一国家が可能となった、と大いに喜んだ。オルドスは清朝時代にイケ・ジョー盟という行政組織を形成していた。イケ・ジョー盟の盟長は配下の七つの旗の王たちを招集してボグド・ハーン政権への忠誠を表明した。そして、オルドス万戸が十三世紀から祀ってきたチンギス・ハーンの祭殿と軍神スゥルデをボグド・ハーン政権の首都イケ・クレー（現ウランバートル）に移そうと着手した。この計画にはシベリアに暮らすブリヤート・モンゴル人のジャムツァラーノも関わっていた。彼は後にモンゴル人民革命党の党綱領の制定にも参加した有能な政治家であるが、国際的には卓越したモンゴル学者として知られている。

オルドスも他のゴビ草原以南の他の集団と同様に、結局はボグド・ハーン政権に合流できなかった。侵略してきて住み着いた中国人軍閥に阻止されたからである。混乱に乗じて、中国人からなる匪賊《ひぞく》が神出鬼没し、モンゴル人は貧困の一途を辿った。

一九三五年冬に、南国出身の毛沢東が紅軍を率いて陝西省北部とオルドス南部に到着し、周辺を「革命的根拠地」にした。彼らは罌粟《けし》を栽培して軍資金を増やし、前線で日本軍と戦う国民政府軍を背後から襲撃した。我が一族の中からもアヘンに手を出す者が続出し、家畜を失って貧しい生活を送るようになった。モンゴル人たちも、一部の青年は国民政府軍に、別の人たちは共産党軍に入って、銃口を向け合うようになった。

内モンゴルと満洲国がソ連とモンゴル人民共和国連合軍によって解放された時、モンゴル人たちは一九一二年の春のように喜んだ。民族統一のチャンスが再度、到来したと確信していた。私の父親も青年軍人としてモンゴル人民共和国から来た将校たちを暖かく迎えた。モンゴル人民共和国から到着した各種の「国づくり委員会」の話に耳を傾け、真剣に真新しい国を創設しようとの熱い夢を胸に抱いて昼夜を問わずに働いた。

しかし、モンゴル人たちの夢はヤルタ密約によって裏切られた。早くも一九四五年春にソ連のクリミア半島にあるヤルタで米英ソ三大国がきたる対日戦後処理の一環としてゴビ草原以南の地域を中国に引き渡し、日本の北方四島をソ連に統治させる密約を交わしていた。当然、クリミアにはモンゴル人も日本人もいなかった。当事者不在の形で、他人によって民族の分断と国土喪失が決定されたのである。モンゴルは戦勝国で、日本は敗戦国とされたが、どちらも悲劇に襲われたのである。ゴビ草原の南北で暮らしていたモンゴル民族が、近代国家の神聖視する国境線によって政治的に分断されるのは、これが初めてである。満洲国時代も南モンゴルとモンゴル人民共和国の間に境界線は引かれていても、いつかは統一するという信念は消えなかった。ところが、共産党が一九四九年に中華人民共和国の成立を宣言した時から、統一の理念はまたもや否定された。

†「モンゴル族」としての悲哀

筆者一族も、すべての南モンゴルのモンゴル人同様、内モンゴル自治区の一員として、「中国籍モンゴル族」として、社会主義建設に参加した。モンゴル人は世界中に分布するが、中国籍を選択しなければならなかった人たちは、「モンゴル族」と呼ばれるようになり、中華人民共和国の「五十五の少数民族」の一つとして位置づけられた。内モンゴルのモンゴル人はどこにいても、「モンゴル族」と自称するよう強制される。それは、中国への帰属意識を植え付けるためであるが、モンゴル人は「モンゴル族」という表現に抵抗感を抱く。

一九五八年に人民公社が成立した際には、個人の家畜もすべて没収されて「国有財産」とされた。紀元前の匈奴の時代から、歴世の遊牧民たちは草原を「天からの賜物で、万人が共同で家畜を放す地」として捉えてきたが、それも「中国の国有地」とされた。史上初めて、中国人たちは大挙して長城を突破して移民し、それまで「草地」や「荒地」と呼んできた草原を農耕地に変えていった。大規模な開墾が進められた結果、一九七〇年になると、我が家周辺は一望無尽の沙漠に化してしまった。

あえて繰り返し指摘するが、草原に遊牧民は匈奴の時代から暮らしてきたものの、一度も沙漠にならなかったのである。どの時代の遊牧民も、最大の賛辞でもってゴビ草原以南の地、すなわち今日の内モンゴルの草原を謳歌した。それほど、美しいところだった。筆者自身も、満洲平野から大興安嶺を経て、オルドス高原を通過して遥か西のアナトリア高原に至るまでの内陸アジア世界を観察してきたが、内モンゴルは良好な草原地帯の一つであった。それが、中国人農民によって、たったの三十年で荒涼たる沙漠に変えられてしまったのである。

モンゴル人を農耕地に定住させ、草原を沙漠に変えたことで、ユーラシアの地政学的空間に文明史的変動がもたらされた。社会主義建設という旗印の下で、草原に多くの工業都市が誕生した。古いフフホトと日本時代の興安総省の省都王爺廟《おうやびよう》以外に、ブグト（包頭、「鹿のいる草原」との意）が鉄鋼の町、レアアースの産地として世界に知られるようになった。東部の王爺廟もその名をウラーンホト、つまり「赤い町」に変えた。同胞の国、モンゴル人民共和国の首都はウランバートル（＝ウラーンバートル）で、「紅い英雄」を意味する。ソ連邦のブリヤート・モンゴル人の自治共和国の首都名はウラーンウードで、共産主義へ通ずる「赤い扉」と称された。モンゴルの一部であったものの、ソ連邦に占領されたトゥバ共和国の首都はキジルで、こちらも「赤」の意味である。トゥバ人はテュルク系の民族であるが、チベット仏教を信仰し、語彙の半分以上をモンゴル語が占めると言われるくらい、モンゴル語と通ずる。トゥバ人、トゥバ語はモンゴルとテュルクの親縁性を実証する存在である。

シベリア南部ブリヤート共和国に建つチベット仏教寺院。1997年夏撮影。

カザフもウズベクも、キルギスも、カスピ海北岸のカルムイク・モンゴル人も、すべてソ連邦の一員となった。彼らもまた内モンゴル人と同様に定住化を強制され、大量粛清を経て、ロシア人との共生を余儀なくされた。中国型とロシア型の専制主義体制が社会主義という看板の下で、ユーラシアを席巻していったのである。

人民公社による公有化と文化大革命の後に、草原の使用権は再び個人に一時的に貸与された。家畜も個人に分配された。当然、入植者の中国人も最終的にモンゴル草原での居住権を獲得したことになる。勤勉で、貪欲な中国人は資金力に物を言わせてモンゴル人の草原の使用権を買い取って自身の草原と土地を増やしていった。中国人が経営する広大な農場で、先住民のモンゴル人が安い労働力として雇われるようになった。

やがて一九九〇年代末から北京政府は「西部大開発」政策を打ち出したが、中国が理解する「西部」は内モンゴルからスタートしていたので、皮肉にも国際アルタイ学会やユーラシア史学者たちが唱えてきた「内陸アジア」や「中央ユーラシア」の概念と一致する。内モンゴルも含めた「西部」に眠る豊富な地下資源が中国人の手で開発され、列車や大型トラックで長城以南の地に運ばれていった。天下一の美しい草原は満身創痍の廃墟に変化した。

二一世紀に入ると、北京は西部大開発をさらに拡張して「一帯一路」と名づけた。陸と海のシルクロード交通を打開して、ヨーロッパまでの世界に中国の商品を売りつけ、中国主導の国際秩序を構築しようと動き出した。成功するか否かはまだ前途不明であるが、ユーラシア大陸の主人公になろうとした努力は史上初と言っていい。

こうした大きな潮流の中で、大開発の波はついに筆者の家の玄関先まで及んできた。二〇〇七年夏に我が家の草原でも大型天然ガス田の存在が確認された。中国政府が派遣してきたガス田掘削会社は汚水を垂れ流し、我が家の家畜はそれを飲んで死んでいった。高齢に達した両親もついに草原から離れる決断をしなければならなかった。翌年の冬、両親は百四十年住んだ故郷を出て、フフホト市に移り住んだ。

この間に、ソ連邦は崩壊し、中央アジアのテュルク系諸民族は独立に成功した。ロシア人も往昔の威風を失い、モスクワのある「ヨーロッパ・ロシア」への回流を始めた。ロシア人が経営する農場で先住民のテュルク系諸民族が奴隷のように酷使されるという風景はユーラシアの中央部にはない。同胞の国、モンゴル人民共和国も「人民共和」の名を捨ててモンゴル国に戻した。かくして、ユーラシア世界で、自主独立権を喪失し、代々住み慣れた草原を他人に奪われたのは、内モンゴルのモンゴル人と東トルキスタンのウイグル人、それに世界の屋根に暮らすチベット人だけとなったのである。遊牧民が中国の支配下に入った悲哀である。

第三章

諸民族と中国の紛争

本来帝国主義的なこの政府は、新しい領土、新しい植民地、新しい民族の征服のための戦争の継続を国民に呼びかけた。……被圧迫民族の勤労大衆の解放と民族的圧迫の絶滅とは、帝国主義と手をきり、「自国の」民族ブルジョアジーをたおし、勤労大衆自身が権力を奪取することなしには考えられないということが、あきらかになった。(イ・ヴェ・スターリン著、平沢三郎他訳『マルクス主義と民族問題　他十篇』国民文庫、大月書店、一九五三年)

中央ユーラシア、すなわち内陸アジアの最東端を成す内モンゴルは、第二次世界大戦の閉幕と共に現代中国に併呑された。中国はモンゴル高原の南部を占領した成果を最大限に発揮して、領域の拡張と国防に利用した。換言すれば、内モンゴルの民族地政学的な利点を武器として活用してきたのである。

†西へと延びる「匈奴の右腕」

ここまでは主としてモンゴル高原の遊牧民の視点で、中国との関係について論じてきた。では、中国はまたユーラシア東部をどのように見てきたのであろうか。両者の視点を相対化するためにも、比較が必要である。

漢王朝時代から匈奴などの遊牧民と対峙してきた経験を持つ漢人政権は、モンゴル高原のゴビ草原以南の世界を懐柔の地と位置づけてきた。モンゴル高原で内紛が起こり、一部の集団が南下してムナン山脈（陰山《いんざん》山脈）を越えて長城に近づくと、中国は武力で防備しながら、懐柔を試みる。絹と茶のような魅力的な物質を供給し、それに王家の女性を和親政策に利用する。

モンゴルの西部、アルタイ山脈以西の地、現在の新疆ウイグル自治区北部のジュンガル盆地（グルバントングト盆地とも）を「匈奴の右腕の地」と呼んだ。この「匈奴の右腕の地」という言い方も実はモンゴル高原に立って、太陽が昇る方向に面した際の民族地政学的視点である。匈奴の民族地政学的立場に立脚すれば、その西すなわち右翼が「右腕の地」になる。「匈奴の右腕を断つ」作戦を決行して、漢王朝は河西回廊以西のオアシス諸国との外交関係を構築し、モンゴル高原の遊牧民を牽制してきた。これは、中国が取った民族地政学的戦略であった。

当のモンゴル高原の遊牧民はどうであったのか。遊牧民側は旋回の天地が中国より遥かに広かった。遊牧民の民族地政学的戦略には一つの共通性が見られる。それは、ユーラシア西部への展開である。

古代ギリシャの歴史家ヘロドトスの『歴史』によれば、ユーラシアの古い遊牧民スキタイは東方から出現してペルシア人の住む世界に接近してきたという。スキタイの次に登場した匈奴は漢王朝を一時は属国にしてから西へ移動して行き、フン人に変身したと見られる。この間の中国では漢が滅んで南北朝時代を迎える。その後は突厥《テュルク》が西を目指して地中海の東岸まで馬を飛ばす。突厥が開拓した道を追うようにしてチンギス・ハーンのモンゴルが世界帝国を建立する。時代は下って、満洲人も十八世紀にモンゴル人のジュンガル・ハーン国を滅ぼしてパミール高原以東まで兵馬を進めるが、それ以西に行く力はなかった。満洲人はジュンガル・ハーン国の故土《こど》を「新たに併合した地」と理解して、

アルタイ山脈の西のステップに立つ、古代突厥の石人。1992年夏撮影。

新疆と呼んだ。満洲人も実は先にモンゴル高原を併合してからアルタイ山脈を西へと越えて行ったのである。

†共産主義者兼民族主義者のモンゴル人

以上のような歴史を共産主義者の中国人も忘れなかった。彼らもまたモンゴル高原の南部を先に占拠してから西の新疆を呑み込んだ。それは以下のような戦略的な歴史であった。

日本が撤退した後、中国共産党はソ連の手引きでいち早く満洲国領内に進駐してくる。満洲国の西部は、内モンゴル東部である。最強の軍隊だった日本軍の最新の武器と、満洲国軍の一部だったモンゴル騎馬軍を自陣に編入する。その後、東北三省と内モンゴルを後方支援基地にした中国共産党は一路南下し、最終的に国民政府を台湾に追放して、一九四九年に中華人民共和国の成立を宣言する。

実は、中華人民共和国の建国より二年半も先に、内モンゴル自治政府が王爺廟付近に成立していた。モンゴル人は満洲国時代の興安総省の省都王爺廟をウラーンホトに変えて、自治政府の首都とした。モンゴル人も中国共産党も当時は、ソ連邦の民族政策をモデルとしていた。それは、民族ごとに自治共和国を建立する政策だった。諸民族からなる自治共和国はさらに「中華民主連邦」を構成する、というソ連邦の中国版のビジョンが広く議論されていた。

自治政府の指導者はモスクワ帰りの雲沢《ユンツェ》という人物であった。雲沢《ユンツェ》の雲《ユン》は、ユンシェープという モンゴルの万戸名から来ている。ユンシェープは元朝時代に雲需府と書き、中央アジアのコーカサスあたりから移り住んだテュルク系の遊牧軍人からなり、大都北京のハーンに馬乳酒を醸成して提供する集団だった。元朝が滅んだ後、ユンシェープ万戸は緩やかにトゥメト万戸と連携していき、一つの集団となる。

トゥメト万戸のアルタン・ハーンがゴビ草原以南にフフホトという都市を建設して定住していく過程で、モンゴル人たちも中国の文化と接するようになる。中国人の姓名に倣い、雲需府の雲を苗字とする人々が増えたのである。雲沢もそのような一人であった。

トゥメト・ユンシェープ万戸の後裔である雲沢は、自治政府の成立を機に自身の名前をウラーンフーに変えた。ウラーンフーとは、「赤い息子」との意である。ソ連の指導者ウリヤーノフ・レーニンの姓をもじったとも言われている。いずれにしても、彼は共産主義者兼民族主義者であった。

雲沢ことウラーンフーは、ユーラシアの最東端の内モンゴルの故郷で、遥か西のモスクワで学んだ民族自決の理論に即した自治政府を創設した。社会主義であっても、モンゴル人は西からのロシア人の民族自決の理論を選び、中国共産党の毛沢東思想とは一線を画していたのである。

内モンゴル自治政府の騎馬兵は共産党の人民解放軍と共同で作戦し、中国最南端の海南島まで戦馬を駆って、軍功を立てた。すべては「中華民主連邦」内でモンゴル人独自の自治共和国を樹立するためであった。

ところが、一九四九年九月末になって、周恩来はウラーンフーに、新しくできる国は「中華民主連邦」ではなく、人民共和国であることと、モンゴルなども自治政府から自治共和国に昇格するのではなく、区域自治に格下げとなる、と伝達された。ウラーンフーが思い描いていた自治政府から自治共和国に上る民族自決の夢は完全に否定され、代わりに先住民としての権限が大幅に縮小された文化的自治だけが中国共産党から付与されたのである。ここから、内モンゴル自治政府は自治区に変わったのである。このように、内モンゴル自治区という行政組織の誕生は、民族自決権が中国で否定されたことを意味しているのである。

それでも、内モンゴル自治区は中華人民共和国の民族統治の模範と位置づけられた。モンゴル人のウラーンフー以外に、社会主義の民族理論と民族政策に精通する人がいなかったからであろう。ウラーンフーが内モンゴル自治区で実施してきた政策はほぼそのまま、中華人民共和国の民族政策になっていく。

モンゴル人のウラーンフーが特に重視していたのは、遊牧・牧畜地域で中国の農耕地域と異なる政策を実施することである。中国内地では搾取階級とされる地主と富農を肉体的にも消滅して、その財産を貧農や中農に分け与えるという暴力的な「土地改革」運動が実施されていた。内モンゴルに侵入してきた中国人はモンゴル人の草原を土地だと解釈しようとした。草原が「土地」になれば、モンゴル人は民族全体で搾取階級とされ、殺害して奪い取るのも簡単になる。かつての金丹道の暴徒たちが反乱を起こした時代の悪夢が実現できるからである。

ウラーンフーはそうした中国人農民の目論見を阻止した。草原は古来、万人が平等で利用してきたもので、特定の個人が所有していなかった歴史的事実を理由とした。そして、中国人から「野蛮で、立ち遅れた生業」と見なされていた遊牧・牧畜もモンゴル高原の自然環境に適した経済である、と論じて譲らなかった。結局、モスクワで社会主義の民族政策を学んだウラーンフーの抵抗に対し、毛沢東ら中国共産党の指導者たちもしばらくは譲歩するしかなかった。というのも、新疆とチベットがまだ「未解放」だったので、内モンゴルの安定性が不可欠であったからである。

†ソ連からもらった内陸アジア

中華人民共和国は、内モンゴル自治区を「解放」した道筋に沿って、新疆を「平和的に解放」した、との公式見解を取る。客観的に言えば、中国共産党の人民解放軍が内モンゴルを通って新疆を「解放」したのではない。ソ連が新疆を内モンゴル同様に中国に提供したので、中華人民共和国領となっただけである。

新疆でも一九四〇年代にウイグル人とカザフ人、それにモンゴル人の三民族からなる革命が勃発し、独立かソ連邦への編入を熱望していた。スターリンはテュルク系諸民族の大半をソ連邦に組み込みながらも、唯一、ウイグル人だけを中国に統治させた。それは、パン・テュルク主義思想に対する強い警戒からの判断だったと理解されている。

内モンゴルを中国に引き渡したのも、パン・モンゴリズムの膨張を防ぐためだった。パン・モンゴリズムを熱心に鼓舞していたのは日本であったので、対日警戒がパン・モンゴリズム防止につながった。モンゴルとテュルクは限りなく親縁関係にあり、パン・テュルク主義とパン・モンゴリズムは表裏一体の思想である。テュルクとモンゴルの連携はソ連邦の脅威になりかねないので、新疆と内モンゴルを中国に譲渡したのである。こちらは、ロシアないしはソ連からの視点でユーラシア東方を眺めた際の民族地政学的戦略である。

中国は、内陸アジアの新疆をソ連から与えられてから、一九五五年に自治区を設置した。当時の新疆にはたったの二八万人の中国人しかおらず、それも一時的に商売に来ていた者か、国民政府軍の部隊であった。中国はそれ以降に移民を持続的に行い、現在ではウイグル人とカザフ人、それにモンゴル人の三民族を凌駕するように、実に一千万人に達した。「匈奴の右腕」を断つには、中国人を移住させて先住民を同化させるしかない、という民族地政学を塗り替えようとする、極めて暴力的な文化的ジェノサイド政策である。

新疆西部に暮らすウイグル人。その顔も表情も中国人と異なる。1992年夏撮影。

新疆は、ソ連からただ同然で与えられたものであるが、その統治と安定化には内モンゴル自治区での経験が生かされた。新疆北部で遊牧していたのはモンゴル人とカザフ人で、ソ連が成立してからも、しばらくは新疆との間を自由に行き来していた。

一九四〇年代に勃発したウイグルとカザフ、それにモンゴル人からなる三民族の連帯革命も、ソ連邦かモンゴル人民共和国への加入を目指していたし、モンゴル人民共和国の指導者たちもそれに前向きであった。モンゴル人民共和国の社会主義者たちも、「匈奴の右腕」を失いたくなかったのである。中国は当時、新疆をモンゴル人民共和国の「右腕」と見なす戦略を有していたかどうかは不明であるが、内地同様の土地改革は実施しない方針で安定化を優先とした。これは完全に内モンゴルでの成功を中国も認めていた結果である。

†北狄でもって西戎を制す現代中国

チベットを中国に編入するのにも、内モンゴルは大きな役割を果たした。

中国共産党は最初、一九四九年までにギョク・ノールこと青海省と四川省を占領するのに成功していた。ギョク・ノールはそれまで共産党と死闘を繰り返してきたイスラーム系の軍人たちに支配されていた。そのイスラーム系の軍人たちも実は十九世紀末の回民蜂起軍の後裔である。イスラーム系の軍人が支配するギョク・ノールをチベット人はチベットの固有の領土と見なして譲らなかった。オルドスやモンゴル高原と緊密な関係を持つ地元のモンゴル人の勢力は、この時期極端に弱っていた。

中国共産党がギョク・ノールと四川省西部で内地同然の土地改革を導入した際に、チベット人とムスリムたちはそろって蜂起の道を選んだ。チベット人の草原を土地だと解釈して奪い、政教一致のチベットの政治体制を「中世ヨーロッパよりも暗黒だ」と批判したからである。当然、共産党は武力で鎮圧したが、党中央で少数民族政策を担当していたウラーンフーはその暴力的政策に反対した。モンゴル人政治家の穏便な政策と、暴力革命を優先してきた毛沢東らとは根本的に違っていたからである。

人民解放軍の占領に不満だったチベット人は一九五九年に全国各地で蜂起し、最終的にはダライ・ラマ法王が十万人に上る国民を率いてインドに亡命する。中国がいうところの「チベット反乱」を鎮圧するのに、内モンゴルの騎馬兵が動員された。満洲国軍の系統を引き、将校たちのほとんどが日本に留学した経験を有するモンゴル人騎馬兵はダライ・ラマのチベット人を追って六千メートル級の山々を越えて各地で作戦を決行した。これは当時最強とされたソ連の戦闘機も超えられなかった高さである。

高地雪原を行く内モンゴルの騎馬軍。著者蔵。

中華思想の優越感に陶酔してきた中国人はモンゴルなど北方の遊牧民を北狄と、西の隣人を西戎と呼んで軽蔑した。しかし、他国を併合して領域を拡張する際には、北狄でもって西戎を制してきた。毛沢東も例外ではなかった。

中国はチベットで徹底的な破壊政策を進めた。チベットの指導者、ダライ・ラマに次ぐ高位にいたパン・チェンラマが鎮圧直後に出した報告書によると、チベット各地にあった二千五百もの寺院はほとんど壊されて、残ったのはたったの七十の寺である。十一万人いた僧侶と尼の生き残りは七千人となったそうである。

チベットの僧侶には相当数のモンゴル人が含まれていた。南北モンゴルから留学や修行、それに巡礼で滞在していた人たちである。中国はこのような侵略を「チベットの平和解放」と位置づけている。一九六六年、文化大革命が勃発した年に、チベット自治区は成立した。

ついでに指摘しておかねばならないことがある。二〇二〇年夏に内モンゴル自治区で中国語教育を強制する同化政策が実施された際に、モンゴル人は抗議活動を展開した。モンゴル人の力を削ごうとして、中国政府は大勢のモンゴル人青年を徴兵してチベットに派遣した。

二〇一九年秋から中国はチベットでインドと紛争を起こし、中国軍の無策ぶりが伝えられていた。山岳地帯で無能だった中国人兵士の代わりにモンゴル人を配備したのには、インド軍内に亡命チベット人が含まれていたからである。モンゴル人もチベット人も、どちらも中国に不満であるので、この両者を戦わせて漁夫の利を得ているのが、北京当局である。二一世紀になっても、中国人の世界観はさほど変わらない、とモンゴル人とチベット人は理解している。

†ジェノサイドの時代

内モンゴルから世界の屋根チベットに派遣されていた騎馬軍は、チベット自治区が成立する前、一九六二年に帰還した。彼らが故郷に帰ると、待っていたのは戦勝祝いではなく、政治的粛清であった。日本的な近代訓練を受けた将校たちと、民族主義的思想の持ち主と見なされた者は全員、除隊を命じられた。代わりに馬にも乗れない中国人将校たちが北京からやってきて、モンゴル軍の権力を簒奪していった。この時代の内モンゴル軍区は中国の「八大軍区」の一つで、司令官兼政治委員はモンゴル人のウラーンフーであった。中国では、極めて異色な存在であった。このようなウラーンフーは毛沢東から「諸侯」と呼ばれていた。

北京に暮らす毛沢東とその他の中国人政治家から見ると、内モンゴルは次第に懸念材料となってきた。中ソ対立が一九六〇年代に入ってから激化するにつれて、内モンゴルのモンゴル人たちは不信の目で見られるようになった。内モンゴルから北京まで車を飛ばせば、数時間で到着する。もし、ソ連軍が一九四五年八月のように国境を越えて南進してきたら、内モンゴルのモンゴル人はどちらに就くのか、中国人には自信がなかったからである。

というのは、ウラーンフーと毛沢東との対立もこの時期になって、一層顕在化していたからである。毛は大量の中国人を内モンゴル自治区に移民させて「辺境を開発」しようとしたのに対し、ウラーンフーは字も読めない中国人農民は受け入れないで、ある程度の専門技術や知識を持った中国人なら歓迎するとの立場だった。毛は草原を開墾して内地の中国人に畑として提供したかったが、ウラーンフーは沙漠化をもたらすと反論して首を縦に振らなかった。それらの行動は、ウラーンフーがモスクワで薫陶を受けた経歴を武器に自分の命令に従おうとしていない、と毛沢東に映った。「親モスクワ派」だ、というふうに見た毛沢東たち南中国の田舎出身の共産主義者たちとソ連留学組との対立でもあったのである。

内モンゴルを分割して、東の一部を東北三省に渡そう、と毛沢東夫人の江青は一九六五年からそう発言していた。内モンゴル自治区の行政区画を満洲国時代に戻そうとした発想である。江青夫人の天真爛漫な幻想ではなく、毛沢東の意向であったに違いない。

ウラーンフーは一九六六年五月一日に北京に召喚されて失脚した。二週間後の十六日に文化大革命発動の号砲が打ち上げられた。北京軍区の漢人部隊が内モンゴル自治区に進駐して都市部の権力を掌握し、中ソ国境に配備された。モンゴル人から成る唯一の騎兵師団も武装解除された。

ソ連もまた直ちに対応し、モンゴル人民共和国に駐屯する部隊の主力をゴビ草原に展開して警戒を強めた。かくして、内モンゴル情勢は一気に緊張し、ソ連と中国に代表される社会主義の二大国が相対峙する最前線となったのである。これも、モンゴル人の一部が中国籍とされ、内モンゴルという地域が第二次世界大戦の結果として中国に占領されたためである。世界大戦の結果が民族地政学の存在価値を高めたと見てよかろう。

あえて再度強調するが、中国は文化大革命を利用して、モンゴル人に二つの「原罪」がある、と批判した。「第一の罪」は「対日協力」で、満洲国時代に「日本帝国主義者と協力して中国人民を殺害した」ことである。

「第二の罪」は、日本が撤退した後に、モンゴル人は中国を選ばずに、同胞の国、モンゴル人民共和国との統一合併を求めたことである。この二つの「罪」が「民族分裂の歴史」だと断じられて、三四万人が逮捕され、十二万人が暴力を受けて負傷し、二万七千九百人が殺害された。この凄惨な結果をモンゴル人は民族の集合的記憶として、ジェノサイドである、と理解している。

モンゴル人民共和国も、内モンゴル自治区の同胞たちが中国政府によって虐殺されている事実を摑んでいた。北京に駐在していたモンゴル人民共和国の外交官は、モスクワから北京に向かう国際列車に乗って内モンゴル自治区を通過した際に、血の匂いがした、という。モンゴル人から笑顔が完全に消えていた時代である。

こうした民族の集合的記憶は、内モンゴルが近代日本の大陸進出時の殖民地だったことと、近代の民族自決に目覚めたモンゴル人が中国から離脱しようとしたことと関係がある。モンゴル人が中央ユーラシアの最東端に住み、古い中国と近代日本と出会った結果、生じた民族地政学上からの悲劇でもある。

†未解決の民族問題

文化大革命中に形成されたモンゴル人と中国人すなわち漢人との相互不信は、その後も消えずに、ずっと両民族の対立の火種となった。ここで、二つの事例を挙げよう。

一九七四年四月一日、アルスラーンと衛東という二人のモンゴル人大学生がフフホト市内の中山路のレストランで食事していた。アルスラーンはアラビア語でライオンを意味し、テュルク・モンゴル社会によくある名前だ。衛東は「毛沢東を衛る」との意で、中華人民共和国という社会主義国家の烙印が押された名である。二人とも自治区の最西端のアラシャン地域のモンゴル人で、師範学院モンゴル語科の学生であった。この時代、アラシャンは甘粛省と寧夏回族自治区に分割されていた。東部のフルンボイル盟とジェリム盟、それにジョーウダ盟（現ウラーンハダ市＝赤峰市）は東北三省に譲渡されていた。内モンゴル軍区も大軍区から格下げされ、北京軍区の直轄とされていた。いわば、毛沢東と江青夫人が理想としていた分割統治が実現していた時代である。

二人のモンゴル人大学生の隣では、三人の中国人が飲食していた。三人の中国人は食べ終わってから、レストランのカウンターを壊して逃亡した。無銭飲食の上、器物損壊を働いたことになる。ここまでは、民度が低く、経済的に疲弊しきっていた中国において、どこにでもありそうな事件だった。大学生二人も静観しながら、食事を続けた。

問題はここからだ。店長の通報で駆け付けた中山路派出所所長で、中国人の張有才は民兵を指揮して二人のモンゴル人大学生を逮捕して連行した。張所長たちは、「お前たち二人と、お前らの両親と、そしてすべてのモンゴル人は民族分裂主義者だ」とか、「いくらでもモンゴル人を粛清してやる」と悪罵を口にしながら、長時間にわたって暴力を振るった。

事件を聴き知った師範学院のモンゴル人大学生たちは隣の内モンゴル大学の学生たち、モンゴル語専科学校の青年たちと大規模な抗議デモを起こした。内モンゴル大学の青年教師ショールガン（旭日幹）とチェ・ジャラガル（劉成）、マンダーフー（満達夫）とガンテ

黒龍江省
ソヴィエト社会主義連邦
マンチューリ
ハイラル市
フルンボイル盟
4157人
ジャランアイル（扎蘭屯）
人民共和国
チチハル
ジャライト旗
ウラーンホト（王爺廟）
吉林省
シリーンゴル盟
2352人
南ゴルロス旗
突泉県
スニト左旗
ホルチン右翼前旗
500人以上
シリンホト市
ャブ盟
バーリン左旗
ホルチン左翼中旗
832人
スニト右旗
ケシクテン旗
バーリン右旗
145人
開魯県
通遼市
翼後旗
ジョーウダ盟
3783人
ジェリム盟
3900人
赤峰市
クレー旗
河北省
県
張家口
ハラチン旗
遼寧省
承徳市
左旗
北京市

地図５　分割統治されていた内モンゴル。民族地政学の力を政治的に削ぐための中国の方策。数字は文革期に殺害されたモンゴル人の数。（『墓標なき草原（上）』より）

ムールらが実質上の学生運動の指導者となった。彼らは一九七四年四月十日に江青夫人と周恩来総理、それに国家副主席で、当時は毛沢東の後継者とされていた王洪文らに手紙を書いて、事実について述べたうえで、関係者の処罰を求めた。

では何故、二人の青年が受けた暴力事件が全自治区を震撼させた抗議活動に発展していったのであろうか。

当時、モンゴル人大量虐殺運動はまだ続いていたとはいえ、毛沢東から行き過ぎを是正せよとの指示が出されていた。大量殺戮の対象とされたモンゴル人の忍耐も限界に達していた。全自治区において、被害に遭わなかったモンゴル人は一人もいなかった事態に陥っていた。これ以上の混乱は、ソ連とモンゴル人民共和国の介入を招く危険性がある、と見た北京当局は張有才所長を解任するしかなかった。しかし、民族問題が解決されたわけではない。

学生運動をリードしたショールガンはその後一九八二年に東京獣医畜産大学に留学し、世界初の「試験管ヒツジ」の誕生を実現させた。彼は中国の政治に幻滅し、科学の道を歩んでモンゴル民族を救おうとした。一九九三年から二〇〇六年まで母校の内モンゴル大学の学長を務め、二〇一五年に他界した。

筆者は、この一九七四年のモンゴル人学生たちの抵抗を「大量虐殺に抗議する運動」だと定義している。関連の第一次資料はすべて筆者が編集した『モンゴル人ジェノサイドに関する基礎資料11』(二〇一九年)に収録してある。中国や内モンゴルの現代史に関心のある方は、ぜひ第一次資料を渉猟してほしい。

†中国政府が実施する偏った政策

次の事件は一九八一年に起きた。

文化大革命が終息してからも、中国政府は大量虐殺を指揮した人民解放軍の将校たちや、党政府の中国人幹部たちを誰一人処分しようとしなかった。ひたすら「民族間の団結」を呼びかけて、問題を先送りしていた。こうしたやり方に不満を抱いたモンゴル人大学生たちは一九八〇年冬に署名運動を開始し、二カ月後には六万人以上の署名を集めて北京に提出したものの、完全に無視された。

翌年の夏、自治区の中国人党書記で、周慧から党中央に新しい提案が出された。二百万人のモンゴル人は重要な存在であるかもしれないが、それ以上に入植した千六百万人に達する中国人すなわち漢人に対しても優遇政策が必要だとする内容であった。この提案から読み取れるのは、入植者が先住民の八倍以上になったことと、入植者は先住民以上の権利を確保しようとした事実である。

文化大革命中に失脚し、その後は部分的に復活が許されていたウラーンフーは周慧の提案の内容を自治区にリークした。彼は「復活」しても、北京に抑留されたままであった。失脚した悲劇の政治家からの情報に接したモンゴル人大学生たちは再び大規模な抗議活動を実施した。モンゴル人の不満は、単に入植者に対する優遇措置ではなく、文化大革命中のジェノサイドに原因があった。それは、中国人入植者がモンゴル人虐殺の急先鋒を担っていた事実への不満だった。政府は虐殺を実施した入植者を処罰せずに、かえって彼らをモンゴル人の草原に定住させようとしたことに不満があった。当時の筆者はオルドスの高校二年生であったが、首府フフホト市から動員にやってきた大学生たちとデモに参加したものの、その後は校内に閉じ込められて、一歩も出られなかった。

大学生たちは授業をボイコットし、代表団を北京に派遣して陳情した。しかし、北京はまともに対応しようとしなかった。党中央の幹部は、内モンゴルからの学生たちに以下のように言い放った。

「お前らモンゴル人だけでなく、チベット人やウイグル人と一緒になって騒いでも怖くない。我々には世界最強の人民解放軍がいるからだ」

その後、冬の十一月十九日に学生たちは教室に戻った。学生たちを背後で支えていたモンゴル人幹部たち、それも文化大革命期の大量虐殺を辛うじて生き延びた人たちは、十二月に一人残らず粛清された。運動に参加した学生たちは最も辺鄙な地域へ追放され、死ぬまで公職に付けない処罰が下された。リーダーたちの中の何人かはその後、ドイツと日本に亡命して、今日に至る。彼らは二〇二〇年夏から秋にかけて勃発したモンゴル語禁止政策に抗議する運動にも関与している。

モンゴル人たちが一九七四年と一九八一年に大規模な抵抗運動を実施していた事実は、国際社会に知られなかった。中国政府による徹底した情報封鎖が功を奏したからである。また、当時はチベット人やウイグル人の動向も海外に伝わらなかった。その後、ウイグル人の一部は当時、すでに武装闘争を展開していた事実が判明する。ウイグル人の抵抗には、ソ連の支援も指摘されている。

†中華思想に由来する暴力

蓄積されていたモンゴル人の不満がその次に爆発したのは、二〇一一年春のことである。この年の五月十一日の朝、酷い沙嵐に襲われていたシリーンゴル草原の西ウジムチン旗の草原で事件は起きた。モンゴル人の遊牧民たちは、炭鉱開発にやってきた中国人のトラック隊を阻止しようとしていた。大面積の炭鉱が発見されたことで、草原は破壊され、汚水が流されたところで、家畜は中毒死し、人間も飲み水に困っていた。

石炭を運ぶ中国人のトラックは、草原を縦横に走り回り、轍《わだち》の跡はそのまま沙漠になる。中国人は、車が走っただけで環境が破壊されるとは、認めようとしないが、モンゴル人は当時、すでに草原の劣化に直面していた。私の故郷オルドスでは、一九四六年春に国民政府軍と共産党軍が激戦を繰り広げた際に、双方とも数万人の軍を並べた。その数万人もの軍隊が歩き、陣地を構えた草原には、一九九〇年代まで戦車の轍の跡が残っていた。轍の跡には草は一本も育たない。それくらい、年間降水量がたったの数百ミリの地域では、車両の走行は環境破壊になる。

モンゴル人たちがトラックを止めようとした際に、中国人たちは故意にリーダーのメルゲンという若者を轢き殺した。「モンゴル人を殺しても、金さえ払えばいい」との暴言を吐いた。

炭鉱開発はウジムチン旗だけでなく、シリーンゴル草原全体の問題であった。私は二〇〇六年夏に両親と共にシリーンゴル草原を旅したが、あまりにも沙漠化が進んだ事実を見て、父は悲しみに暮れていた。父が一九四〇年代に騎馬兵としてこの地に駐屯していた頃、仔ウシと仔ウマの背中が見えないくらい、平均して一メートル五十センチ以上もの高い草の海が広がっていたそうだ。それが、中華人民共和国になり、中国人の入植と農耕地開拓でほとんどが沙漠になってしまったのである。

モンゴル人知識人たちは一九五〇年代初期から、両民族の棲み分けを提唱していた。中国人は河川のある地域で農耕を営み、モンゴル人は草原地帯で遊牧する、という満洲国時代の政策である。しかし、そうした提案は「民族分裂的」だとか、「偉大な中国人を敵視している」とかの罪が冠されて批判されたし、提案者も一九五八年の「反右派闘争」期に粛清された。中国政府による環境破壊と人口の面での逆転現象は、その後もずっと続いた。

中国人の横行ぶりはシリーンゴル盟だけのことではなかった。中国人は、自分が字も読めなくても、モンゴル語とチベット語、それに日本語やロシア語などを自由に操るモンゴル人を「野蛮人」、「草地の韃子《ダーツ》」と呼んで差別する。内モンゴル自治区の指導者ウラーンフーは一九五〇年代に、中国人による差別を以下のように戒めたことがある。「フフホト市では幼稚園の中国人児童まで、モンゴル人は立ち遅れている、と話して差別している。中国人の偏見はいったい、どこから来ているのか」。ウラーンフーはこのように激怒したことがある。

自治区の最高指導者が冷静に諭《さと》しても、一般のモンゴル人が抗議しても、中国人からの差別は変わらなかった。彼らの胸の中から、自分たちが一番優れた人種で、その他の民族はすべて劣っている、という中華思想が消えようとしない。だから、「モンゴル人を殺しても、金さえ払えばいい」、という傲慢な思想とそれに準じた行動が許されるのである。

忘れていけないのは、内モンゴルに侵略して来て定着したのは、十九世紀後半に暴動を起こした金丹道の子孫たちだという事実である。彼らは、人数に物を言わせて、暴力さえ行使すれば、先住民のモンゴル人を征服できる、という経験を積んできた集団である。特に文化大革命期には「革命」という名の下で、数万人ものモンゴル人を殺害し、「辺境開発」という旗印を掲げて草原を奪ったことを「祖国への貢献」だと認識しているからである。

モンゴル人青年メルゲンが殺害されたことで、全自治区で抗議集会が開かれた。しかし、中国政府は人民解放軍と武装警察を出動させて鎮圧した。六月八日、中国政府はメルゲン事件を「単なる民事衝突」として位置づけて裁判所で審理した結果、中国人トラック運転手に死刑判決が言い渡された。しかし、モンゴル人の不満は解消されなかった。その後、抗議活動は東京やフランス、それにアメリカなど海外を中心に展開されていったのである。

†民族地政学と文明の衝突

今日に至るまで、内モンゴルの環境問題はまったく解決されていない。解決できる見通しすらない、と断言しても言い過ぎではなかろう。というのは、環境問題は文明の衝突の問題であるからだ。歴史が始まって以来、遊牧民が草原の主人公だった時代は、草原は一

中国人に占領された草原を取り返そうとの運動を行うモンゴル人たち。2015年冬。写真提供：モンゴル人権保護団体。

度も沙漠にならなかった。近代に入ってから、中国人農民が進出して来て、草原を農耕地に変えてから、沙漠化の勢いを止められなくなった。モンゴル人は自然に手を加えないことを崇高の理念とするのに対し、中国人は自然も征服の対象だと認識する。この真逆の価値観が、遊牧と農耕という文明の衝突を引き起こしている。

日本には内モンゴル自治区や新疆ウイグル自治区の沙漠化問題に没頭する研究者が多いし、現地に行って植林活動に携わるボランティアも大勢いる。しかし、そうした取り組みも、学術研究以上にほとんど政治的、社会的意味を持たない。典型的な実例を挙げよう。

春の五月から六月にかけての間、人工衛星を飛ばしてモンゴル高原の上空から撮影した研究者たちがいる。東京大学で学ぶ、内モンゴルの出身者とその仲間たちである。南モンゴルは真黄色で、北のモンゴル国が緑に包まれている。本来ならば、緯度が低い方の南モンゴルが先に草の新芽が姿を現す時期である。遊牧が禁止され、草原が中国人によって破壊されて沙漠化した事実である。

動物行動学の事例がある。内モンゴルには現在、狼やガゼルなどの野生動物はほとんど絶滅してしまった。モンゴルには、「中国人が増えると、狼が消える」ということわざがある。笑い話のように聞こえるかもしれないが、事実、野生動物も中国人からの「迫害」を受けて、モンゴル国に「避難」している。モンゴル国に行くと、何百頭、何千頭ものガゼルが群れを成して悠然と移動している風景に出会う。ガゼルも決して、国境線あたりを南へ越えようとしない。モンゴル国の方が安全だ、と経験的に知っているからである。「国境と言葉、それに家畜があれば、遊牧民は幸せだ」(kil, kel, maltai bol, malchin Mongghol bayan)、とユーラシアの遊牧民は信じて疑わない。これも、民族地政学に淵源する知見であろう。

環境問題はどれも民族問題であり、それを解決しない限り、環境研究も単なる幻想に過ぎない。中国人が農耕優先の価値観と暴力主導の民族間関係を見直さない限り、環境問題は未来永劫にわたって我々の眼前に横たわり続けるに違いない。

第四章　言語の民族問題

二〇世紀において、言語学は、文化を取りあつかう他のどんな領域にも先んじて、対象の形象化を成功裡におしすすめ、自己完結的な固有の体系を組織することができた。（田中克彦著『国やぶれてもことばあり』新泉社、二〇一八年）

本書の冒頭で述べたように、二〇二〇年夏に内モンゴル自治区で言語をめぐる民族間紛争が突如として起こった。モンゴル人の母国語であるモンゴル語を逐次廃止して、中国語中心の教育が強制されることになった。それだけではない。モンゴル人に対し、「中国語こそが母語だ」と呼ぶよう指導されている。では何故、ここに至って、民族問題が言語教育の形式で勃発したのであろうか。

†民族問題の国際性

モンゴル人が中国政府に抗議している理由は明白である。言語の問題はすなわち、民族問題であるからだ。

そしてもう一つ、重要な要素がある。国際紛争の中の民族問題にはすべて、複雑な原因と様々な爆発の形式があり、中国も決して例外ではない。言い換えれば、民族問題はどれも国際問題である。そのため、内モンゴルの言語をめぐる民族問題には独立国のモンゴル国も連動しているし、ロシア連邦内のブリヤート共和国とカルムイク共和国も注視し、声援を送っている。彼らもまた、モンゴル人である。

少し、補足説明をしておこう。

ひと昔前の中国の民族問題と言えば、チベットであった。一九五八年から中国の侵略に抵抗したダライ・ラマ法王は十万人に上る自国民を率いてインドに亡命して今日に至る。チベット問題は当初から国際問題として注目されたし、現在も解決の見通しは立っておらず、中印両国は今や亡命政府に近いところのラダック近辺で軍事的対峙に入っている。

新疆ウイグル自治区も例外ではない。北京当局によって百万人単位で強制収容施設に閉じ込められたウイグル人はイスラームとテュルクという二つのキーワードで国際社会と連動する。彼らはムスリムであると同時に、ユーラシア各国に分布するテュルク系諸民族の一員だからである。「ムスリムの同胞が異教徒《カーフィル》の中国人に抑圧されている」事実と、「テュルク系ファミリー内の一員が北京に弾圧されている現実」に、ユーラシア各国は注視し続けている。善処しなければ、「自分の世界《ダール・アル・イスラーム》」（イスラームの家）の中の同胞と兄弟を冷遇したとして、国内政治にフィードバックしてくることをイスラーム諸国は警戒している。

以上のように、チベット問題もウイグル問題もすべて、北京政府が強弁するような内政問題ではなく、れっきとした国際問題である。

†社会主義が創出した民族問題

二〇二〇年の夏から突然現れたように見える内モンゴル自治区のモンゴル語教育問題も同様である。どうして言語教育が民族問題になるのかというと、言語そのものが民族を構成する一要素になっているからである。

では、民族とは何か。

研究者だろうが、政治家だろうが、旧ソ連の指導者にして民族問題の卓越した理論家であった、ジョルジア人スターリンの定義が最も権威的である。「民族とは、言語、地域、経済生活、および文化の共通性のうちにあらわれる心理状態、の共通性を基礎として生じたところの、歴史的に構成された、人々の堅固な共同体である」（スターリン『民族自決権について』）。

次に、民族問題とは何か。

こちらもスターリンは明確に分析している。民族はどれも自分の運命を自由に決定する権利がある。自らの権利を守ろうとする意志と、他人の生来の権利を踏みにじろうとする論理がぶつかり合った時に、民族問題は生じる。

民族問題をどのように解決すればいいのか。

レーニンとスターリンは語る。

人間は民族を問わずに、労働者と搾取階級に分かれる。被搾取階級のプロレタリアートたちが人種と民族、それに国境を越えて団結し、国際主義すなわちインターナショナルの理念に沿って社会主義国家を建立すれば、自ずから問題は解決される、という。ソ連邦はそのような理念に即してできた国家である、と言っていい。他民族を抑圧する人々は、結局のところ、自分も自由になれない、とレーニンはさらに断じた。

しかし、レーニンとスターリンの考え方には限界があった。貧しいロシア人は決して中央ユーラシアの貧乏な遊牧民を「同志《タヴァーリシ》」と思わなかった。ロシア人の方がすべての面で優秀だ、と公言して憚らなかった。内モンゴルにおいても、字も読めない中国人農民や、自分の名前すら書けない共産党の幹部たちは、複数の言語を話し、日本とソ連の大学を出たモンゴル人を「立ち遅れている野蛮人」と見て差別していた。経済的に裕福か貧乏かの状況は、民族の団結を促進する積極的な要素になれなかった。むしろ、貧しいロシア人農民と無学の中国人農民ほど、貪欲に遊牧民の草原と財産が欲しかったのである。

しかも、ソ連と中華人民共和国の成立によって、無学にして粗野な農民にまで「人民」という政治的地位と権限を侵略先の他人の土地で付与した。政治的権限を獲得したロシア人と中国人の農民たちが、金持ち以上に他民族に暴力を働いたのは、近代史の事実である。これは、中央ユーラシア全体に当てはまる問題であり、内モンゴル自治区も例外ではない。

旧ソ連から独立したウズベキスタン共和国の抑圧者記憶博物館。抑圧者はソ連のこと。2019年夏撮影。

内モンゴルは中国によって、名目上の文化的自治が認められたところであるが、あらゆる面で独立のモンゴル国よりも搾取、抑圧されていた事実を当のモンゴル人が民族の共通認識として抱いてきたのである。言語をめぐる民族問題もそのような政治的社会的環境の中で醸成されてきたのである。レーニンは、国際主義の立場に立てば、民族問題は解決可能だと夢想した。しかし、国際的に比較すれば、独立国こそが幸せだ、どの民族からもそう認識されている以上、民族問題も残り続けるに違いない。このような視点で、内モンゴルの民族問題を言語教育の面から分析してみよう。

†社会主義制度下の言語問題

中国政府は二〇二〇年六月末、あたかもモンゴル語教育に安楽死を命じるような政策を公表した。このような政治的目的を帯びた秘密の公文書は、特別なルートで内モンゴル自治区に届けられた。公文書は、それに不満を抱くモンゴル人幹部たちの手で外の世界に漏洩された。

政府公文書は、二〇二〇年秋の新学期から、小・中・高校におけるモンゴル語教育を停止するという内容である。具体的には小学校では「道徳」の科目の授業を中国語で行い、中学以上では「モンゴル語」以外をすべて中国語に切り替える。モンゴル語による理数系の授業がすべて停止を命じられ、代わりに中国語の使用が決定された。小学校でも三年生からモンゴル語だけでなく、中国語と英語の併用は以前から導入されてきたが、実質上は中国語一辺倒である。

中国政府の口実もまた傲慢であった。中国語をマスターすれば、将来の進学と就職に有利だと政府は公的なメディアを動員して宣伝する。いわく、モンゴル語は先進的な科学技術や中国流の思想道徳を教えるのに不向きで、「優れた言語」である中国語こそがIT時代に相応しいという。同時に裏では「モンゴル語は立ち遅れた少数者の言語で、近代化に不向きだ」と中国人幹部たちは説得して回っていた。

最初は大勢のモンゴル人教師が失職の危機感から抵抗を始めたが、次第に民族文化そのものが消される同化政策に対する怒りが拡大していったのである。自治区最西端では、ソメナという若いモンゴル人の女性公務員が自殺でもって抗議した（プロローグ写真）。中央部のエレーンホト市でも、ウラーンというモンゴル人女性校長が自らの命を絶って政府の命令に抵抗した。それでも、中国政府は弾圧を緩めなかった。解放軍と警察を動員して学校を閉鎖したうえで、中に閉じ込めた児童らに対し、予定通りに中国語教育を強行している。

ここで、筆者が提唱する民族地政学の中でも、特に重要な成分である民族言語、具体的にはモンゴル語・モンゴル文字の使用状況について、振り返ってみる必要があろう。

モンゴル人は統一国家こそ建立できなかったものの、せめて言語の統一性を維持しよう、と一九四九年以降も努力してきた。内モンゴル自治区の指導者ウラーンフーは一九五四年に、言語学者で、満洲国時代に教育を受けたエルデニトクトホとガワーらの知識人を動員して『モンゴルの歴史と言語』という雑誌を創刊させた。

国立のモンゴル語研究所の研究者たちは、近代化時代のモンゴル語の役割についても、熱心に議論した。新しい概念を言い表すのに、「一に発掘、二に創造、三は借用」との三原則を設けた。それは、まずは豊富な古典から発掘するが、限界があれば、創造する。それでも、新語彙にならない場合は、ロシア語などヨーロッパ系の言語から借りる、との原則であった。モンゴル人はユーラシアの民族であり、中国語よりもヨーロッパ系の言語が発音しやすいからである。

内モンゴル自治区のモンゴル人は上の三原則をさらに同胞のモンゴル人民共和国と共有しようとした。言語と文学、それに名詞術語という三分野で表現を統一しようと努力した。こちらを「三統一」と呼んだ。一九五七年になると、内モンゴル自治区とモンゴル人民共和国はそれぞれ著名な言語学者らを派遣し合って、「四十三人委員会」を設置した。自治区の指導者ウラーンフーが直々に任命した委員会である。内モンゴル側は十七人で、モンゴル人民共和国は二十六人の委員会であった。老練なウラーンフーはその行為が中国共産党の不興をかうと予測したのか、「言語の面での統一は、モンゴル人民共和国に毛沢東思想を宣伝するためだ」、と話していた。しかし、北京当局はモンゴル人を信用していなかった。
言語の面での統一はまた広く実践されていた。それは、一九五七年まで、内モンゴル自治区と新疆ウイグル自治区でもキリル文字が使われていたということである。モンゴル人民共和国はソ連一辺倒の政策を採り、次第に伝統的なモンゴル文字を使わなくなって、ロシアのキリル文字に切り替えていた。キリル文字の方が、社会主義ソ連型近代化のシンボルだったからである。中国もソ連を「革命の師」、モンゴル人民共和国を「社会主義の先輩」として仰いでいたので、キリル文字が教育の現場で用いられるのに最初は反対しなかったのである。要するに、中国とソ連、それにモンゴル人民共和国のモンゴル人は共にキリル文字による表記を共有していたのである。当時、中央ユーラシアのテュルク系諸民族もソ連邦に編入されていたので、彼らもまたキリル文字による教育を受けていたのである。

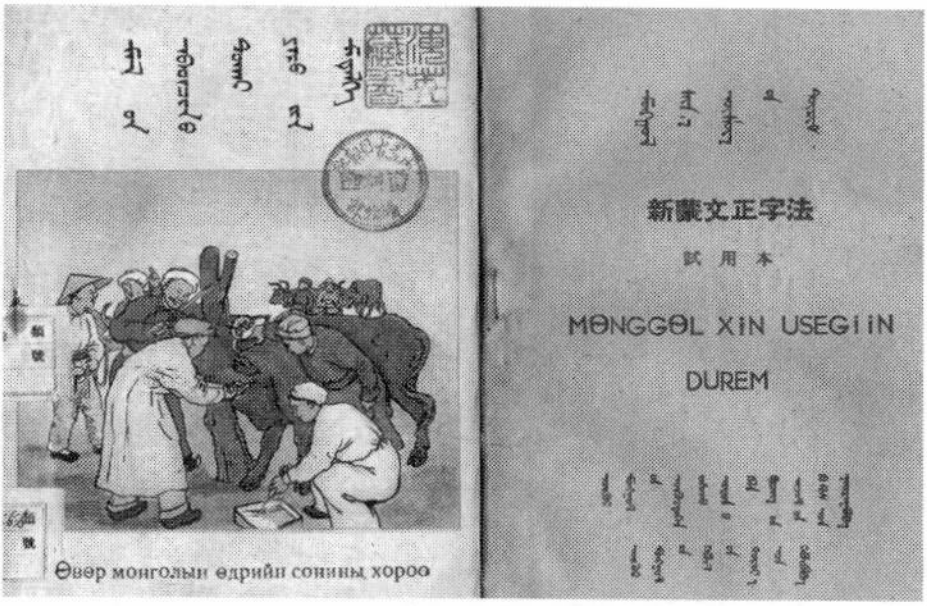

1950年代の内モンゴル自治区で実際に使われていたキリル文字の本と文字改革のテキスト。著者蔵。

一九五〇年代後半から中ソが反目し合うようになると、中国は域内のモンゴル人とウイグル人のキリル文字使用を禁止し、促進派を粛清した。それ以降、中国・内モンゴル自治区は伝統的な縦書きのウイグル文字を守り続け、中国政府も奨励していた。筆者の親の世代の多くがキリル文字で読み書きができたので、子どもの頃から羨望の的であったのを覚えている。

ちなみに、いわゆる「伝統的なモンゴル文字」とは、十三世紀にテュルク系の知識人がモンゴル人に伝授したものである。そのため、「ウイグル文字」とも呼ばれてきた。それほど、モンゴルとテュルクは文字の面でも親縁関係にある。

モンゴル国は一九九二年、長く使ってきたキリル文字を見直し、ウイグル文字を復活する政策を公表した。両国のモンゴル人が同じ文字から成る文章を読み、同一の思想を今まで以上に共有するようになることへの恐れからか、習近平政権によるモンゴル語教育そのものの停止を命じたのであろう。

中国からすれば「成功」した前例はある。

二〇〇九年七月五日に新疆ウイグル自治区のウイグル人蜂起（新疆七・五事件＝ウルムチ七・五事件）を武力で鎮圧してから、ウイグル語教育は実質上ストップしたままである。児童期から中国語を話すようになれば、「中華を愛し、中華民族の一員」になる、との苛烈な同化政策を中国政府は推進してきた。

続いて新疆では二〇一八年からモンゴル語の教育も全面的に廃止された。同自治区にはバヤンゴルとボルタラという二つの自治州と、ホボクサイル自治県という三つのモンゴル人居住地域があり、ずっと母語による高水準の教育を維持してきたが、それも中国政府によって破滅に追い込まれた。当然、ウイグル人に対しても同様で、中国語の教育が強化され、母語を忘れたウイグル人とモンゴル人が増えるように仕向けてきた。

中国政府は、言語の面での同化政策を新疆ウイグル自治区から内モンゴル人の自治区にも適用してきたのが、二〇二〇年夏のことである、と前に述べた。内モンゴルにおけるモンゴル語教育の廃止方針は、新疆ウイグル自治区での「成功例」を模倣したものである。その新疆の学校では今、中国人教師は軍事訓練に動員され、いつでも「テロリストを射殺できる」よう練習している、と現地の知人が私に伝えてきた。

†モンゴル語を禁止する中国の狙い

中国政府は、モンゴル語など「少数民族の言語は近代化に不向きだ」、と弁じている。果たしてそうであろうか。

特定の言語が現代の科学技術に適していない、という差別的な言説を信じる人は中国人以外にはいないだろう。歴史を繙《ひもと》けば分かるように、中国の科学技術は十三世紀まで長い停滞期に喘いでいた。中国の科学技術が飛躍的に進歩したのは、モンゴルが世界帝国を建立し、アラビアやペルシアといった西方の先端技術・思想を東方に呼び込んでからだ。北京市内に残る元朝時代の天文観測台と漢文に翻訳された多数のアラビア語・ペルシア語の科学史的著作がその史実を雄弁に物語っている。科学技術の東方への伝播は、モンゴル語やテュルク系諸言語、それにペルシア語を媒体としていたのである。

モンゴル帝国が崩壊した後も、十八世紀末までのモンゴル語はユーラシア各王朝の宮廷言語兼外交言語であった。清朝が南アジア諸国との間で外交使節を交わす際もモンゴル語に頼ることがあった。いわば、モンゴル語はペルシア語やテュルク語と並んで、ユーラシア世界における政治的地位の高い言語であり続けた。その結果、ロシア語やテュルク系諸言語の中の政治用語はモンゴル語に由来するものが多く残っている。モンゴル語が内包する高い政治性と国際性ゆえ、中国はモンゴル語に対して一貫して警戒心を抱いてきた。

特定の言語が近代化に不向きだ、との政治的な断罪は成立しない。内モンゴルだと、早くも一九八〇年代初期から大型コンピューターの開発にモンゴル語ソフトが使用されていたので、場合によっては中国語ソフトの登場よりも早い。

では何故、中国政府は執拗にモンゴル語を消滅しようとするのか。それは、同地域が日本と特別な関係を結んできたからである。大日本帝国時代に誕生した満洲国の西部はモンゴル人の自治地域だった。満洲国の西隣のモンゴル自治邦（時期によってはモンゴル軍政権、モンゴル聯盟自治政府、蒙疆《もうきょう》政権とも）も日本軍の支配下にあった。要するに現在の内モンゴル自治区の三分の二に当たる広大な草原が日本の殖民地かコントロール下にあって、日本人と友好関係を結んでいた。例えば、有名なジャーナリストの大宅壮一も「（モンゴル人は）容貌や言語の上からいっても、かれらは支那人に比して遥かに日本人に近い」、と述べていた。モンゴル人は単純に「日本に協力」したのではなく、日本軍の力で中国からの独立を目指していた。日本もモンゴル人の目標を理解し、支持していた。

日本がモンゴル草原から撤退した後、モンゴル人は統一できずに、独立国モンゴル人民共和国とソ連圏内のブリヤート共和国、カルムイク共和国、そして中国の内モンゴル自治区に分かれて暮らしてきた。しかし、レーニンが掲げていた民族自決の思想、すなわちどの民族にも独自の国民国家をつくる権利がある、という理念をモンゴル人は一度も放棄していない。民族の統一を実現するには言語の同一性を堅持しなければならない。

中国政府が発動した大量虐殺や同化政策に対し、モンゴル人は抗争してきた。前章で述べた通り、一九八一年に大規模な反中国人移民の政治運動を起こした。その時、最高指導者の鄧小平は有名な指示を国内に出していた。

「内モンゴルの真の脅威は東部にある。偽満洲国の一部だった地域のモンゴル人は信用できない」、との「勅令」である。

内モンゴルから日本に大勢のモンゴル人留学生が来ているが、それも日本の影響下にあった地域の出身者が圧倒的に多い。中国政府が今でも不信の視線を浴びせ続けている地域である自治区東部からモンゴル語教育の中止を命じたのも、そうした歴史があったからである。

モンゴルという民族が、内モンゴルとモンゴル国という風に、政治地理的に異なる国家に分断されていても、その国境線はたったの七〇年前に引かれたに過ぎない。太古の時代から同じ遊牧経済を営み、十三世紀にはチンギス・ハーンの下で世界帝国を建立したという歴史的記憶と心理を共有する。シベリアのブリヤート人から西のボルガ流域のカルムイク人に至るまで、モンゴル語は全民族の成員に通じる。そこへ、北京当局が介入してきて、「内モンゴル人の母語は中国語だ」、母語を捨てて中国語による教育を受けなさい、と命じたため、全世界から反対の声が上がったのである。

筆者は二〇二〇年七月二八日から署名サイトを立ち上げて、モンゴル人の母語教育を維持すべきだ、と賛同を呼びかけた。八月十日に締め切った時点で、三千六百四〇人以上の署名と賛同を得ることができたが、凡そ半分は同胞の国、モンゴル国からだった。これは、モンゴル国の国民は、同胞たちが固有の言語を失って、中国人に同化されていくことに強烈な反感を抱いていることを物語っている。ちなみに日本人の声援も四分の一強を占めていたので、先進国らしい行動だ、とモンゴル人たちは理解している。

†テュルク系民族を引き裂いたソ連化のくびき

キリル文字をモンゴル人とウイグル人だけでなく、中央ユーラシアの諸民族が使用してきた、と前に述べた。では、テュルク系の人たちは現在、どのような言語問題に直面し、いかに対処しているのであろうか。

中央アジアの大国カザフスタンはカザフ語のロシア文字表記をやめて、欧米で幅広く用いられるローマ字表記への移行を数年前から少しずつ始めた。この動きは、ロシア文字で自国語を表記してきた旧ソ連諸国から注目されている。早くも二〇〇六年に「ローマ字は情報通信の世界を席巻している」と述べていたカザフスタンのナザルバエフ前大統領は、二〇一七年四月に国営メディアを通して論文を発表し、二〇二五年にローマ字に完全移行するスケジュールまで示した。

カザフ人はユーラシアに広がるテュルク系諸民族の一員で、チンギス・ハーンの長男ジョチ・ハーンの後裔を名乗る。イスラームを信奉するテュルク系諸民族は、古くは自分たちのテュルク系諸言語をアラビア文字などで表記してきた。当時はアラビア文字とテュルク語の知識が少しあれば、西はオスマン帝国からクリミア半島のタタール人、そして東のウイグル人やカザフ人に至るまで、ユーラシアを横断して意思疎通ができた。そのため二十世紀初頭には、「テュルク系諸民族は一つの家族」との広く緩やかな連帯意識が形成される一方、列強によるユーラシア分割が進んでいた。一九二二年にはオスマン帝国崩壊と相前後してソ連が誕生したのは、周知の事実である。

西のトルコ人はアラビア文字からローマ字に移行して近代化を進める一方、東のカザフ人は帝政ロシアの支配から「解放」されて「ソ連人民」となった。一九四〇年にカザフ・ソビエト社会主義共和国は「晴れてロシア文字に基づく新しいアルファベットへの移行」を決定した、とソ連共産党機関紙のプラウダは当時報じている。「教育人民委員部は小学校と非識字者教育のために三一の教科書を作成。科学アカデミーのカザフ支部はカザフ語のロシア文字表記辞典を編纂した」。こうして一九四一年から公的機関や新聞・雑誌はカザフ語をロシア文字で表記することとなった。

「ソ連人民」を創出しようと、ソ連がロシア文字を強制した民族はカザフ人だけではない。モンゴル高原の北に連なるバイカル湖周辺からシベリア南部にかけては、太古よりモンゴル人の一集団、ブリヤート人が暮らしてきた。ブリヤート・モンゴル人の土地は一七世紀から帝政ロシアに支配され、ソ連成立の翌年にはブリヤート・モンゴル・ソビエト社会主義自治共和国が産声を上げた。

ただ新生共和国の教育行政を担ったブリヤート人バザル・バラーディンは、ユーラシアに広がるモンゴル民族との文化的・言語的一体性を唱え、同民族同士の交流促進を図った。それまでキリル文字やモンゴル文字、チベット文字などを部族ごとに用い、表記法を統一してこなかったモンゴル民族が共用できるローマ字化（ラテン化）を提案した。

ところが、バラーディンはソ連から「大モンゴル主義者」として批判され、長期にわたる暴力を受けた揚げ句、一九三七年二月二〇日にレニングラードで拘束された。半年後の八月二四日にバラーディンは、大モンゴル主義を裏から操る「日本のスパイ」と因縁を付けられて処刑された。享年五九歳であった。

　バザル・バラーディンの処刑には、日ロ戦争に勝利した近代日本への恐怖と、十三世紀のモンゴル帝国への恐怖とがソ連の政策に影響を与えていたようである。ときを同じくして、中央アジアのテュルク系諸民族のエリートたちもまた粛清された。こうした歴史から、「キリル文字は血を吸う

ウズベキスタン共和国の首都タシケント市内にある抑圧者を記憶する博物館内の展示パネル。1930 年代末に粛清された人々の歴史が記憶されている。2019 年夏撮影。

文字だ」、と中央ユーラシアの諸民族は語る。

こうしたソ連の負の歴史を乗り越えて、ロシア文字表記の廃止を決定したカザフ政府に対し、ロシア側は早速「ロシア系住民への圧力」と反発した。カザフ人口の約二割を占めるロシア人がロシアに移住を余儀なくされると懸念を示した。

これに対しナザルバエフ政権は、国語のカザフ語と共にロシア語も公用語として使用できるという従来の方針に変化はないと応じた。旧ソ連圏諸国の街はロシア文字の看板だらけでローマ字の余地がない、ということなら、ロシアは帝国復活の淡い希望を抱けるかもしれない。しかし、キリル文字にとって致命的なのは、ソーシャルメディアに慣れ親しむ若者に不人気なことだ。かつて「大モンゴル主義」を封殺するほど猛威を振るったロシア文字は、今や確実にローカル化している。ユーラシアにテュルク系諸民族の大家族を再び、という壮大な理想を阻止する力はもはやないであろう。

第五章

民族の国際問題

自決の自由すなわち分離の自由の支持者を、分離主義を奨励するものだといってせめることは、離婚の自由の擁護者を、家庭の結合の破壊を奨励するものとしてせめるのと同様、ばかげたことであり偽善的である。……民族の分離の自由を否定することは、支配民族の特権および反民主主義的な警察的統治方法を擁護することと同じである。（ヴェ・イ・レーニン著、川内唯彦訳『民族自決権について 他十篇』国民文庫、大月書店、一九五三年）

内モンゴルという民族問題を中国は抱えている。その民族問題は地域的なものではなく、独立のモンゴル国を含む、中央ユーラシアと連動する民族地政学の問題である。民族地政学は常に歴史と宗教と絡み合って、国際問題としても現れる。したがって、それらは「民族の国際問題」である。

†チンギス・ハーンの祭殿前の政治劇

「大ハーンの国を目指そう」

十三世紀以来、多くのヨーロッパの探検家を東方へと駆り立てたロマンの一つはモンゴル帝国の発祥地を旅することだった。マルコ・ポーロやクリストファー・コロンブスはそうした偉大な冒険家たちの代表である。

当時、中国はモンゴル帝国の四分家の一つで、チンギス・ハーンの孫フビライ・ハーンが礎を定めた元朝であった。元朝が滅び、幾多の星霜が過ぎし今日においても、モンゴル高原を一目見ようとする世界各国からのツアーは相変わらず人気を博している。そうした中、二〇一五年七月十日に旅行を楽しんでいた外国人二十人が、筆者の実家のある、内モンゴル自治区西部のオルドス高原で中国当局によって拘束された。歴史愛好家の夢に水を差す事件となった。

拘束された外国人はイギリス人九人と南アフリカ人十人、インド人一人で、いわばイギリス連邦の構成員から成るツアーだった。一行は慈善団体のメンバーで、香港から上陸して四十七日間にわたって中国北部の内モンゴル自治区を回る予定だったが、オルドスにある「チンギス・ハーン陵」を見学しようとしていたまさにその時に逮捕された。

「ホテルの客室内でテロ扇動のビデオを見ていた」容疑だというが、実際に彼らが見ていたのはモンゴル帝国の歴史を紹介した映像に過ぎない。歴史を予習した上で遺跡を見学し、モンゴル人たちと交流しようという矢先の出来事だった。

オルドス高原に立つチンギス・ハーン祭殿とモンゴル人たち。1992 年春撮影。

内モンゴル自治区では以前から治安当局が外国人の動向に目を光らせてきたが、この逮捕劇は習近平政権における対外警戒心の過剰さをあらわにした。特に今回の逮捕劇では、中国を過度に神経質にさせたのはチンギス・ハーン陵の存在である。

陵といっても、東ヨーロッパまで軍を進め、モンゴルとユーラシアの遊牧民族にとって「聖なる祖先にして神様」と崇められている男の遺骨はそこにはない。「神聖な遺品類」、すなわちチンギス・ハーン本人が使用していたとされる宮帳《きゅうちょう》と馬具、弓矢と酒器、それに四人の妃たちの遺品がこの地で祀られている。

筆者が属する集団、オルドス万戸も実はチンギス・ハーンと四人の妃たちに追随していた人々から発展してきたものである。オルドス万戸はチンギス・ハーンの祭殿を携えて移動してきたので、「聖なる主君チンギス・ハーンの番人」を自任する。

モンゴル帝国歴代の大ハーンは必ず「チンギス・ハーンの御霊前」たる祭殿で即位式に臨んできたし、地元オルドスでは多くのモンゴル人が十三世紀から今日まで「大ハーンの儀礼」を維持してきた。何百年間にわたって「聖なるチンギス・ハーンの身辺に付き添ってきた」という自負から、モンゴル・ナショナリズムが格段に高い場所である。いわば、オルドス万戸の民族主義は強いし、オルドス高原の民族地政学的価値も高い。そのため、中国政府の監視も厳しい。外国人観光客はそうした民族地政学の渦に巻き込まれたのである。

†誘拐される民族の開祖

オルドスにあるチンギス・ハーン祭殿は、モンゴル民族全体の精神的シンボルであり続けた。一九一一年にモンゴル高原ウルガ（現ウランバートル）の卓越した政治家、活仏ジェプツンダムバらが清朝に対してモンゴル国独立を宣言した。その際に、内モンゴルに残されたオルドスのチンギス・ハーン祭殿と軍神スゥルデをモンゴル国に移転させて新生国家の象徴にしようとした。

しかし、清朝を倒した中華民国は、内モンゴルのモンゴル人を支配下に留め置くために軍隊を派遣してチンギス・ハーンの遺品類を差し押さえ、祭殿と軍神類をモンゴル高原に運ぶことも阻止した。チンギス・ハーンの祭殿がモンゴル国にではなく、中国のコントロール下にあるという事実は、モンゴルの民族的分断の予兆となったのである。

その後、ユーラシア大陸に進出して満洲国を創建した日本軍もモンゴル人の遺品類の精神的価値に気づき、一九三九年にチンギス・ハーン祭殿と軍神スゥルデを自らの支配領域に動かそうとした。日本軍の行動にモンゴル人も積極的に協力する姿勢を見せたので、中華民国は日中戦争全体に影響を与えかねないと危惧した。そこで、チンギス・ハーン祭殿をオルドスから遥か離れた甘粛省の奥地に移して隠した。日本はその後、王爺廟に独自のチンギス・ハーン廟を建立して、満洲国のモンゴル人を懐柔した（第七章参照）。

日中戦争後、共産党との内戦で次第に劣勢に立たされた国民政府の蔣介石総統が「チンギス・ハーン」と共に台湾に渡ろうとしたところ、中国共産党にギョク・ノールこと青海省で横取りされてしまう。諸民族を「解放」した共産党政権は遅々として「チンギス・ハーン」をその子孫たちに返そうとしなかった。一九五四年になって、「チンギス・ハーン」とその遺品はようやく中国人から内モンゴルのモンゴル人たちの元に返還された。

内モンゴル自治区のモンゴル人指導者ウラーンフーは偉大な祖先のために固定建築の祭殿を建てたが、こちらは完全に日本が王爺廟で作ったチンギス・ハーン廟を模倣したものである。王爺廟のチンギス・ハーン廟はまた、明治神宮外苑聖徳記念館絵画館をモデルとしたものである。このように、近代日本の文化的遺産もまた社会主義者のモンゴル人たちに継承されたのである。

中国政府は「チンギス・ハーンはヨーロッパまで遠征した唯一の中国人」、「中華民族の偉大な英雄」と喧伝して、統治下のモンゴル人の心を宥めようとしてきた。しかし、日本に留学し、日本語で書かれたモンゴル帝国に関する著作を読んだ文豪魯迅は、「チンギス・ハーンが大帝国を建立した頃、われわれシナ人は彼の下僕だった事実をどう解釈するのか」と中国人の妄想を諭そうとしたのである。魯迅はその著作の中で、ずっとシナという言葉を使用し、中国や中国人という表現があまり好きではなかったらしいので、現代中国でも彼の文章は教科書から消されている。

チンギス・ハーンをどのように位置づけるかは、一九六二年に国際問題に発展した。この年は、チンギス・ハーン生誕八〇〇周年にあたる。モンゴル人民共和国では盛大な記念行事を用意し、記念碑もその生誕の地に建立された。ところが、ソ連はチンギス・ハーンを「侵略者」にして、「ロシアの停滞をもたらした人物」だと批判していたので、チンギス・ハーンの子孫たちにも圧力がかかってきた。記念行事に関与した政治家の中には、暗殺された者もいた。ソ連はもちろん、ユーラシアのテュルク・モンゴル系諸民族がチンギス・ハーンの旗の下で結束するのを警戒していたからである。

北京は当初は無関心を装っていたが、ソ連との対立にチンギス・ハーンを利用しようと思いついた。そこで、一九六二年六月一日にオルドスのチンギス・ハーン祭殿で三万人からなる祭典が行われた。チンギス・ハーンは「中華民族の英雄にして諸民族団結のシンボル」に祭り上げられた。祭典を主催したのは、内モンゴル自治区の指導者ウラーンフーである。

モンゴル高原の東部、チンギス・ハーンの故郷に1962年に立てられた記念碑。1996年夏撮影。

ところが、文化大革命が発動されると、チンギス・ハーンに対する評価も一変した。「先進的な中国を侵略し、偉大な中華民族を蹂躙した封建社会の奴隷主チンギス・ハーン」だと批判された。一九六二年の祭典を主催したウラーンフーも「現代のチンギス・ハーン」で、「第二のモンゴル帝国」を打ち立てて、「偉大な祖国の分裂を目論んだ」と断じられた。

それから光陰は過ぎて、二〇一二年になると、中国はまたもや態度を変えた。その年はチンギス・ハーン生誕八五〇周年を迎えたのである。ソ連の羈縻《きび》から独立したモンゴル国では華やかな記念活動と学術シンポジウムが開催された。チンギス・ハーンに関する著作をしたためたことのある学者は全員、モンゴルに招待されたので、筆者も呼ばれた。筆者のような研究者よりも、カザフスタンやウズベキスタンから馳せ参じた「チンギス・ハーンの直系子孫」たちが歓迎されていた。彼らはチンギス・ハーンの長男、ジョチ・ハーンの後裔を名乗っていた。

モンゴル国と対照的なのは、中国であった。チンギス・ハーンという言葉も禁句とされたのである。二〇二〇年秋、モンゴル語教育をめぐる民族問題が勃発してから、チンギス・ハーンに関する書籍はほとんど本屋から姿を消してしまったのである。

†外国の「チンギス・ハーン展」に干渉する中国

「チンギス・ハーンに関する展示を延期する」、とフランス西部のナント歴史博物館は二〇二〇年十月十二日に発表した。翌春に開幕予定だった展示について、中国の政治的検閲が次第に度を越してきたのが理由だと各国のメディアは伝えた。

同館は中国・内モンゴル自治区博物館と交流し、チンギス・ハーンとモンゴル帝国の歴史文化について展示する計画を進めてきた。ところが、中国側は展示において「チンギス・ハーン」、「モンゴル帝国」、「モンゴル文字」といった文言の削除を要求してきたという。あまりにも理不尽な政治的クレームであるにもかかわらず、展示の実現を優先した博物館も一旦は譲歩して展示名を「天空と草原の子――チンギス・ハーンとモンゴル帝国の誕生」に変更したものの、中国側はさらに大幅な改定を求める。中国が思い描く物語に応じれば、モンゴルの歴史文化が完全に抹消されてしまう結果になると判断した博物館は、「人類や科学、倫理的価値観を守るため」に、計画の見直しと延期を決定した、という。

実は似たような前例は日本にもあった。

一九九五年冬に茨城県立歴史館が内モンゴル自治区博物館から文物を一部借りて、「チンギス・ハーンとその末裔たち」という展示を実施しようとした際に、同様な政治問題が発生していた。展示の手伝いを拝命した私が書いた、カタログ掲載予定の解説文に中国側は文句を付けてきたからである。

私は、モンゴル帝国はそれまでの騎馬遊牧民である匈奴と突厥、それに契丹といった先駆者たちの足跡を追うようにしてモンゴル高原から出現して東西を跨ぐユーラシア帝国を建立した、と書いた。ところが、検閲を担当した中国側から「匈奴も突厥も、契丹も蒙古も我が国の古代の少数民族だ」とか、「匈奴政権もモンゴル帝国も我が国の古代の地方政権だ」とか、などのように改竄されて戻ってきた。

そもそも、自分の文を中国側に検閲させたことに対して不満はあったが、それも仕方ない、と私も最初は甘く見ていた。しかし、その改竄にはとうてい納得できなかったので、カタログから文を撤回せざるを得なかった。匈奴は漢王朝よりも長く存続しただけでなく、その一部は西へ移動してフン族に変身して東ローマ帝国の崩壊を促す役を演じたので、どこが「中国古代の地方政権」なのかと反論した。

残念ながら、当時の日本側にフランス同様の人類の倫理観を守り抜こうという堅牢な意思もなかったようで、宗教のように語られていた「日中友好」が優先されて展示は実現したが、禍根は残ったままである。結局、日本がいくら中国に譲歩しても、「友好」どころか、先端技術は窃取され続け、今日では領土まで狙われるようになってきたのではないか。

中国が、チンギス・ハーンを禁句にするのには理由がある。前述の通り、二〇二〇年夏に爆発した全世界のモンゴル人による抗議活動の再来が怖いからであろう。自治区のモンゴル語を禁止して、中国語による教育を強制し、モンゴル人を同化しようとした文化的ジェノサイド政策が登場すると、自治区内外から抗議の声は上がった。モンゴル文字とチンギス・ハーンは最もモンゴル人のナショナリズムを鼓舞する要素であるので、中国は禁止するしかなかった。自治区内ならまだしも、フランスにまで干渉の手を指し伸ばしたのは、常軌を逸しているとしか言いようがない。

ときの政治に有利な場合、中国はチンギス・ハーンを称賛するし、逆の時はまた禁止する。チベットや新疆、台湾と尖閣等を自国領と弁じる際もチンギス・ハーンにすがるしかないので、今後もまたモンゴル民族の開祖は中国によって国際舞台に「連行」されるだろう。そして、中国の行為は必ずや墓穴を掘ることにつながるに違いない。

チンギス・ハーンは誰の祖先なのかはともかく、分断民族モンゴルを抱えた中国にとって、扱いにくい存在であるのは事実である。しかし、ユーラシアの遊牧民の文化と文明に憧れて訪れた外国人観光客の夢をチンギス・ハーン祭殿の前で打ち破る政治的な行為はあまりに悲しいことである。

†モンゴルとヨーロッパの困難な交流

「一帯一路」で世界をつなぐ、と中国の習近平政権は標榜している。陸路と海路とでアジアとヨーロッパとを結ぶという野心的な政治経済圏構想のことである。一方、国内のモンゴル人とヨーロッパとの東西交流は阻止されてきた。

本書の第二章で述べたように、カトリックの宣教師たちは一八七〇年代に「南モンゴル教区」を拡張して、オルドスとトゥメトで宣教の権利を得ていた。彼らが長年にわたって努力した結果、現在の内モンゴル自治区西南端のオルドスに約五千人のモンゴル人カトリック教徒の暮らす地域が誕生したのである。これらのモンゴル人カトリック教徒はバチカンによる後継司教の任命を待ち望んでいるが、果たせないままでいる。

モンゴルとキリスト教世界との交流の歴史は古い。十三世紀にモンゴル帝国軍がヨーロッパに西進した時、西洋は「東方から伝説のキリスト教王がイスラーム教徒を征服に現れた」と期待した。この勘違いは根拠がなくはない。チンギス・ハーンが統合した草原の遊牧民の中には実際、すでに古代キリスト教の一派を奉じる王と配下の者たちがいた。やがてモンゴル帝国により、ユーラシア全体が「一帯一路」を凌駕する巨大な海と陸の交易網で結び付けられた。ローマ教皇（法王）は伝道者を元朝に派遣し、帝国内の古代キリスト教徒をカトリックに改宗させた。

モンゴル帝国の解体で東西の交流は断絶したが、転機は十九世紀後半に訪れる。ベルギーやオランダのカトリック修道会、聖母聖心会（CICM）の宣教師らが清朝支配下のオルドスで「忘れられた信徒」に遭遇する。努力の結果、宣教師らは見事にこの地で信仰を復活させた。

ところが、中国共産党が一九四九年にオルドスを占領すると、信教の自由を奪い、やがて宣教師を一九五四年に国外に追放した。「宗教は人民に害毒を与えるアヘン」で、宣教師は「西洋列強による侵略の先兵」と断じられたからである。

オルドスに住んでいたテグスビリク（一九一九〜二〇二〇）は聖母聖心会が任命した最初のモンゴル人司教で、二〇二〇年春に百歳で逝去するまで、ただ一人のモンゴル人神父として信仰を守り抜いた。中華民国時代に北京で創立されたカトリック系の名門・輔仁《ほにん》大学を卒業した学者でもある。ラテン語とギリシャ語などヨーロッパ系の諸言語に精通し、日本語も操る。

ただ一人のモンゴル人司教のテグスビリク。1992年春撮影。

モンゴル人司教テグスビリクは、中国共産党によって二〇年間投獄された後、一九八〇年代から宗教活動を再開したが、政府による厳しい弾圧に直面してきた。彼が再建した教会は何回も政府によって破壊され、その都度、信者らの手で建て直されてきた。

対照的なのはモンゴル国である。バチカンは二〇一六年夏に若いモンゴル人、エンヘバータルを同国の司教に任命した。冷戦崩壊後に社会主義を放棄して自由主義陣営に加わったばかりのモンゴル国は、一九九二年にバチカンと国交を樹立した。以来、キリスト教各派の宣教師たちは草原の遊牧民の国に殺到するようになった。今では三百万人の国民のうち、クリスチャンは五パーセントを占めるとの説もあるほどである。

モンゴル国の布教活動の先頭にあるのもまた聖母聖心会である。筆者はこの聖母聖心会の本部を訪問したことがある。聖母聖心会は民族の枠を超えて布教している。エンヘバータル司教は各国から集まった宣教師二〇人と修道女五〇数人を統率して布教活動に携わることになる。首都ウランバートルは現在、「同国初のモンゴル人司教の誕生」の歓喜に包まれている。

オルドスから万里の長城を隔てて南にある、陝西省と山西省に住む中国人社会にもクリスチャンのコミュニティーがある。十九世紀末にイスラーム教徒の回民蜂起軍が衝撃を与えた中国人の村落群である。現在、オランダやベルギーからの聖母聖心会関係者は、陝西と山西両省の中国人クリスチャン地域への訪問が許可されているが、モンゴル人のオルドスには一歩も踏み入れることができない。オルドスのモンゴル人信徒たちはテグスビリクに続くバチカンからの司教任命を待っているが、中国政府によって福音は遮断されたままである。

世界に信者の網を広げるバチカン同様、モンゴルも遊牧民特有の広大なネットワークを構築してきた。独立国家モンゴルと中国支配下の内モンゴル自治区だけでなく、ロシア国内にもモンゴル人の自治共和国がカスピ海北西岸とシベリア東部に二つある。西にあるのは、カルムイク共和国で、東はブリヤート共和国である。どちらにも、キリスト教に改宗したモンゴル人たちも暮らしている。

モンゴル人と西洋との交流を容認すれば、北京のコントロールを超えて人的、物的交流が進み、ユーラシアを横断した「大モンゴル国再建の思想」がよみがえる危険性がある、と中国政府は危惧しているようである。少数民族の分離活動は一党独裁体制を脅かし、中国の崩壊を引き起こしかねない、と北京当局は被害妄想に包まれている。中国がこうした東西のつながりを断ち切ろうとしている限り、いわゆる「一帯一路」は空虚なスローガンに終わるのではないだろうか。

†龍と象のはざまで

二〇一五年一月二五日、当時のアメリカの大統領オバマがインドを訪問し、それまで疑問視されていた「アジア回帰」は単なるスローガンではないと、それなりに行動で示そうとした。オバマ前大統領に先だって、日本の当時の岸田文雄外相も年明け早々にインドを訪れ、同国が実効支配する北部地域の帰属についてもモディ首相を支持する旨の発言をし、中国外務省の抗議を引き起こしていた。インド北部にある中国との係争地はチベットとつながる。モンゴルはチベットともインドとも関係は緊密である。

二一世紀になってから、インドは日米の注目を浴びるだけでなく、実利の伴った外交取引の舞台ともなってきている。インドの視点に立つと、日米は重要なプレイヤーではあるが、やや遠い存在であるために、身辺の切実な利害関係を解決するのに鞭が届きにくい歯がゆさがある。そこで、インドが注目したのはモンゴル国とスリランカである。南と北、アジアの二つの小国が果たす大きな役割に、インドは秋波を送りつづけて今結実しつつある。

その前の二〇一四年十二月中旬に、モンゴル国の辺境防衛局の局長が率いる軍事代表団は静かにデリーを訪問していた。両国はまずIT分野における軍事交流を強化し、近い将来には合同演習を実施するとのコミュニケをそろって発表した。具体的には爆破技術をインド側がモンゴル軍に伝授し、戦術の分野における統合をも進めることで合意に達した。「両国の軍事交流は北東アジアだけでなく、中央アジアの平和と安定にも寄与する」と

「巨象」はチンギス・ハーンの子孫たちと握手を交わした。

インドはその北隣の「龍の国《ドラゴン・チャイナ》」との間に広範囲にわたって領土問題を抱えているだけでなく、中国が占領しつづけているチベットの政教一致の指導者ダライ・ラマ法王も同胞ら十数万人を率いてダラム・サラに亡命政権を形成して現在に至る。

モンゴルは一九一一年に古い中国の支配から離脱して独立国となったものの、同胞たち五百万人以上が中国領内モンゴル自治区に居住している。モンゴル国の国民は、チベット仏教を信仰している点でチベット人にシンパシーを抱いているし、同胞が中国に抑圧されている点ではまた中国に敵意を持ち続けている。至極当然のように、両国はヒマラヤの「世界の屋根」を凌駕して対中国の包囲網を構築しようとしている。

それだけではない。

インド最後の王朝ムガール帝国の支配者はイスラーム化したモンゴル人だった歴史についても、両国は共有している。ムガールとはモンゴルのペルシア語風の訛化である。ヒンドゥー至上主義者のモディ首相ではあるが、ムガール王朝の栄華に誇りを持っているので、モンゴルにはアレルギー反応がない。

インドとモンゴルの軍事交流を背後から押しているのはほかでもない「北極熊のロシア」である。一九六二年に中国がインドに攻めこんだ時もソ連は敵手に武器を売却して、

2016年夏にモンゴル国で開催されたASEM会議の際に、草原で日本の安倍晋三首相（当時）など諸国の指導者たちの前で遊牧民の矢を射る当時の大統領エルベグドルジ。写真提供：モンゴル国大統領官邸。

「社会主義の兄弟」である中国軍の侵略を止めるのに一助した。当時のモンゴル人民共和国はソ連の衛星国で、中国とも領土問題をめぐって対峙していた。現在、プーチン大統領と習近平総書記が相思相愛のパフォーマンスをことあるごとに演出しなければならないのは、実のところ「龍と熊」の相互不信が根底にあるからである。モンゴル国軍事代表団のデリー訪問もロシアの事前の内諾を得たものと考えていい。

現在のモンゴルは小国であるが、十三世紀に世界帝国を創った歴史が重い。チンギス・ハーンの直系子孫、「黄金家族の者」しか統治者になれないという理念は、一九一七年のロシア革命までユーラシア各地に存続しつづけた。そのため、中央ユーラシアの各国はモンゴルに敬意を抱き、良好な外交関係を結んでいる。

インドは地域大国として西隣のパキスタンとアフガニスタン、それにイランとも緊密なルートを構築してきた。すべてモンゴル帝国の継承国家である。歴史の重いモンゴルと大国インドが連携すれば、中央ユーラシア各国も連動してくる。そして、ことはロシアに有利なように運ばれるのである。

ロシアが中国を警戒する理由は明白である。シベリアのロシア人が大挙して「ヨーロッパ・ロシア」へと流れて、人口が極端に減っているからである。国境を挟んで、中国の東北三省には一億以上の中国人が虎視眈々と「失地回復」を狙っている。中国人は「サハリンも沿海州も我が国の固有の領土だ」、と主張しているのに、ロシアは危機感を抱いている。

ロシアの味方は誰なのか。それは、シベリアのブリヤート共和国のモンゴル人とモンゴル以外にいない。このように判断したロシアの政治家たちは、モンゴルとインドを戦略的な盟友だと位置づけている。

インドは、スリランカとも文明的・民族学的に関係が深い。そのスリランカを中国海軍はインド洋に出入りする際のハブ港として利用しようとしてきたし、習近平政権も「海のシルクロード」経済圏に取り込もうとする。インドにとっては柔らかい下腹部に突き付けられた青龍刀になるので、放置するわけにはいくまい。

日本ではよくインドの「イースト・アクト」、すなわち日本も含めた東アジアへのシフトが強調されるが、「巨象」はもっとしたたかである。インドの働きかけを受けて、スリランカでは親中国の大統領候補が落選し、代わりに全方位外交を掲げる人物が当選した。インドが主役の一員を担うユーラシアのグレート・ゲームは新時代に突入した。日本はアメリカと共に「インド・太平洋構想」を練っているが、構想では弱く、戦略でなければならない。「龍」と相性が合わないまま、ついに「象」の出番を待つ時となったようである。

インドのモディ政権が、日本以上に「インド・太平洋構想」に熱心になってきたのも、中央ユーラシアの民族地政学的背景からである。

†ダライ・ラマ法王とユーラシアのチベット仏教圏

二〇一六年冬、モンゴル駐インド大使が同国の外務省に書簡を送った。中国の習近平政権が実施中のモンゴルへの制裁を解除するよう、モディ首相から働きかけてほしいとの内容であるという。

事の発端は同年十一月十九日に実現したチベット仏教の最高指導者ダライ・ラマ十四世（八十五歳）のモンゴル訪問。五年ぶり、九度目の訪問であった。中国外務省の報道官は

「ダライ・ラマは法衣をまとったオオカミで分離独立分子」と口汚く批判した。そして、法王の訪問を許したモンゴル国から輸入する鉱物に高関税を課し、決まっていた元借款を凍結するなど厳しい制裁を発動した。

困ったモンゴル国がインドに助けを求めたのには訳がある。仏教に代表されるチベット文明はインドにルーツがあり、モンゴル国はチベット仏教の強い影響下にある。モンゴルとチベット、それにインドを結ぶ絆はダライ・ラマ法王の亡命で一層強まっている。現代において、中国から政治的経済的圧力を受けるモンゴルが、中国と民族地政学的に対峙するインドに頼るのは自然のことである。

本書の第三章で述べたように、世界の屋根チベット高原を自国の「古くからの領土にして核心的利益」と位置づける中国は一九五〇年に人民解放軍をチベットの首都ラサに進駐させた。一九五四年、十九歳の少年が中国の首都北京に到着して、六十一歳の毛沢東とチベットの政治的地位をめぐって協議した。百戦錬磨の毛に呼ばれた青年ダライ・ラマは「宗教は麻薬だ」と脅かされ、宗教改革を強制された。その後、中国はチベットの仏教寺院を破壊し、僧侶を還俗させる過激なジェノサイド政策を推進した。ラサに軍事的な圧力をかけると、ダライ・ラマは一九五九年に亡命したのである。

以来、中国は「ヨーロッパの中世よりも暗黒で、政教一致の封建制から解放したチベットを、一気に共産主義に迎え入れた」と宣伝してきた。インドに亡命当初は独立を唱えたダライ・ラマも近年では自らの存命中にチベット問題を解決しようと、中国への要求を「高度の自治の実施」に引き下げている。しかし、北京は対話のドアを閉ざしたままである。恐らくは、高齢のダライ・ラマの「成仏」を待っているからであろう。

中国が恐れているのは、ダライ・ラマが「チベット仏教文化圏」全体に持つ権威である。チベット自治区そのものだけでなく、その東の四川省西部とギョク・ノールこと青海省、それにモンゴル高原（モンゴル国と中国内モンゴル自治区、新疆ウイグル自治区の一部）と旧満洲、シベリア南部の住民はほとんどがチベット仏教の信者である。

ダライ・ラマのモンゴル国訪問中も、ロシア連邦のトゥバとブリヤート共和国から信者たちがモンゴル国を訪れた。ブリヤートでは近年、ロシア正教から改宗するロシア人も出現したほどである。チベット仏教徒は数こそ三千万人前後と推定されるが、地域的な広がりが大きく、民族問題が先鋭化している点も重なる。だから、北京は神経をとがらせているのだ。中国からすれば、チベット仏教文化圏は、分離独立につながる危険な民族地政学圏にあたる。

ノーベル平和賞を受賞したダライ・ラマはユーモラスに哲学思想を分かりやすく語るので、実は中国人すなわち漢人にも人気が高い。従来は中国以外の漢人、つまり香港や台湾にファンが多かったが、近年では中国国内でもその説教に耳を傾ける人たちが増えてきた。急速な経済成長で精神的な世界を失い、実質上は国家資本主義制度の搾取に喘いでいる中国人の貧困層まで、チベット仏教に救済を求めている。こうした国内外のブームは共産党の一党独裁を根幹から揺るがしかねないので、中国はダライ・ラマの外国訪問を糾弾してきたし、苛烈な宗教弾圧を続けてきたのである。

ダライ・ラマがモンゴルを最初に訪問したのは一九七九年である。すでに社会主義制度は疲弊していた。それでも一九九〇年の社会主義体制崩壊はダライ・ラマ訪問と無縁ではない、と中国は理解している。資源価格暴落による未曾有の経済的困窮に陥ったモンゴル国に対する中国の制裁は、国際社会にも衝撃を与えたのである。

†コロナ禍に直面した時の中央ユーラシア

中国・武漢《ぶかん》市を発生源とする新型コロナウイルスによる肺炎が世界規模で猖獗《しょうけつ》を極め、犠牲者数もついに百五十万人を超えた。東アジアの島嶼国である日本と西欧、それに「新大陸」のアメリカはそろってその撲滅に苦労している。対照的なのは中央ユーラシア大陸である。実際の様子を見てみよう。

モンゴル国は、陸地で数千キロにわたって中国と国境を接している。中国南部で肺炎流行のニュースが伝わると、二〇二〇年一月二十九日までに国境地帯をすべて封鎖した。航空便だけでなく、列車と自動車など中国との交通を全面的に遮断し、人的交流を止める強硬措置を取った。

ただ、そのままでは独裁的な隣国の気難しい指導者の機嫌を損なう恐れがある、と見たモンゴル国は最高指導者のバトトルガが北京を訪問した。これまでも、モンゴルが例えば中国が敵視するチベット亡命政権の政教一致の指導者ダライ・ラマ十四世の宗教的な訪問を受け入れただけで中国は国際列車を止め、輸出を制限するなどの嫌がらせを繰り返してきたからである。

以前のような経済的な復讐を避けようとして、モンゴルの大統領バトトルガは二月二十九日、専用機で首都・北京の空港に降り立った。世界の指導者たちは誰も習近平に近づこうとしなかった「困難な時期」に来訪した草原の国の指導者を北京は「外交の成功」として位置づけた。バトトルガは「中国人民に見舞いを申し上げるために、ヒツジ三万頭を援助する」と述べてウランバートルに戻った。日帰りの北京訪問だったが、自国民を安心させるため、大統領とその随員たちは帰国後に二週間、隔離病院に入って外部との接触を絶った。

「匈奴人や蒙古人はいつも家畜を追って来て、わが中華の文明的物質を欲した」

と中国のSNSに書き込む者もいたが、瞬時に削除された。

「敵はウイルスを持ち込んだアメリカ」だと宣伝している時期にあって、中国も北の隣人をけなすわけにはいかない。

次はロシアである。

モスクワの国立研究所に勤める知人によると、ロシアはそもそも「キタイ(ロシア語で中国)」を最初から信用していない。社会主義が崩壊した後も、かたくなにマルクス・レーニン主義を信奉し、スターリン思想を中国流独裁体制の強化に悪用する北京の政治家たちを「頭がどうかしている」と理解している。

冷徹なプーチン大統領は以前から、シベリアの森に隠れて暮らす百万人とも百五十万人とも推算される中国からの不法移民の存在に不安を感じていた。「ウイルスを持ち込んだキタイスキー(中国人)を本国へ!」との国民の声も強まる中、ロシアは軍や警察の協力で感染防止に乗り出し、中国人たちは厳寒のロシアから帰還せざるを得なかった。その結果、「人民の「戦疫(役)」に勝った」と宣言していた中国東北部でじわりと感染者数がまた増加し始めたのである。国外からの逆流、それもロシア極東を経由して二〇二〇年の春に東北三省に帰国した人々の中に、新たな感染者が増加しているとの報道は日本にもあった。

モンゴルとロシアが迅速かつ強硬な手段に出たのは、これまでの経験があるからだ。ほぼ毎年のように、夏になるとステップ地帯で小規模のペストが発生する。遊牧民や猟師はモルモットの一種タルバガンを捕獲して食べ、その毛皮を交易に回す。一四世紀にイタリアまで広がった黒死病もペスト菌が原因と考えられている。ペスト出現の一報に接すると、直ちに封鎖・隔離・治療の措置が取られ、大きな被害に発展したことはなかった。

中国を手玉に取るモンゴルにせよ、あくまで厳しい措置を貫くロシアにせよ、経験豊かな両国に比べると、習近平政権の隠蔽政策に翻弄される日本とアメリカの伝染病対策は評価できるものではない。

第六章

中央ユーラシア民族地政学の現在

羊飼いであろうと学者であろうと、それぞれの人にとって自分たちを取り巻く歴史は、抽象的なものでも遠く離れたものでもない。彼ら（モンゴル人＝著者）のモンゴル史は、まるでつい先週起こったことのように鋭く、その生活を切り裂く。（ジャック・ウェザーフォード著『パックス・モンゴリカ――チンギス・ハンがつくった新世界』NHK出版、二〇〇六年）

内モンゴルの民族地政学的重要性は、その中央ユーラシアとの特別な関係にある。言い換えれば、文明史的には内モンゴルが中央ユーラシアの一部を成してきたからである。では、中央ユーラシアは現在どのような状況下にあるのか。そして、その地政学的現在はまた、モンゴルにどんな影響を与えているのか。

†イスラーム圏の孔子学院

中央ユーラシアの背骨である天山山脈は新疆ウイグル自治区の東部からウズベキスタンやカザフスタンまで伸びている。天山の北麓にアルマトイという都市がある。「リンゴの都」との意である。旧ソ連から独立後、一九九七年までは新生カザフスタンの首都だったこの地に中国政府の政治機関、孔子学院がある。アルファラビ・カザフ国立大学のキャンパスに設置された孔子学院に現在約一千五百人の若者たちが学んでいる。筆者はここを二〇二〇年春に訪ねた。

世界各国に支部を持ち、中国語と中国文化を教える孔子学院は、中国のプロパガンダ機関と批判されて、欧米諸国から軒並み姿を消しつつある。特にアメリカは孔子学院をスパイの巣窟と見なし、摘発を積極的に行っている。そんな中で、シルクロード草原の道に位置する天山北路に二〇〇九年に設置された校舎だけはまだ活況を維持し、イスラーム文化圏にあって異彩を放っている。

中国の習近平国家主席は二〇一五年五月に二〇一三年以来二度目となる同国訪問を実現し、シルクロード政治経済圏構想を持ち掛けている。中国の狙いはカザフスタンの豊富な地下資源であり、まさに経済的な権益を確保するための橋頭堡としての役割を孔子学院は果たしている。それだけではない。中国はまた孔子学院を通してカザフスタンに対する政治的干渉をも強めようとしている。というのは、カザフスタンには中国から亡命してきたウイグル人とカザフ人が大勢暮らしているからである。筆者は同国に住むウイグル人に直接会って、状況を確かめた。

ときは遡ること一九六二年。

中国・新疆ウイグル自治区西部のイリとタルバガタイ地区に住むウイグル人とカザフ人は、人民公社設立など中国の急激な公有化政策に反発し、生活レベルが高かったソ連に大挙して逃亡した。本書の第三章で述べたように、中国も建国直後は内モンゴルの指導者ウラーンフーの穏便な政策を新疆にも適用し、遊牧社会では家畜の公有化を遅らせていた。

イスラーム圏内の孔子学院。文化大革命中に中国は孔子を徹底的に批判していた事実を思い出すと、滑稽に見えて仕方ない。2020年春撮影。

しかし、全国的に権力を掌握すると、急進的な公有化政策でカザフ人の家畜を没収し、ウイグル人の財産を略奪した。そして、数十万人に上る軍隊が屯田兵になり、水源に近いオアシスを占拠してウイグル人とカザフ人を追放した。このような中国の殖民地政策に反発したウイグル人とカザフ人はソ連側に越境し、その数は七万人以上に上る。もっとも、ソ連の情報によると、亡命者の規模はその倍に達する。

中ソがイデオロギーをめぐって対立していたこの時期、亡命者はモスクワの対中干渉のカードとして使われてきた。ソ連崩壊後の今日では、新疆ウイグル自治区における分離独立運動の最大の支持者となっている。中国は孔子学院を通してカザフスタン政府に働きかけ、亡命者組織を分断し、抑え込もうと企図している。

「カザフスタンの現代の大ハーン」ナザルバエフ元大統領には別の雄略があろう。彼は中央アジア諸国の中でいち早くシルクロード政治経済構想への支持を表明し、中国主導のアジアインフラ投資銀行（AIIB）への参加も決めている。

こうした「親中国」ぶりの一方で、実は新疆に住むカザフ人への配慮もある。新疆北部に住む約百五十万人ものカザフ人の大半は、一九一七年のロシア革命後の移住者たちの子孫である。ソ連で遊牧民に対する過酷な定住化政策が導入されていた時期に、それを嫌ったカザフ人は東トルキスタンと当時呼ばれていた新疆側に渡ったのである。

トルキスタンとは、「テュルク系の言葉を話す人々の故郷」を意味する。パミール高原を境に、東西トルキスタンはある。しかし、パミール高原は決して政治的な境界、国境ではなかった。遊牧民もオアシスの住民も、太古の昔から自由に移動してきたのである。その自由な移動が、インターナショナルを標榜するソ連と中国という二大社会主義国家の出現によって阻止されたのは、歴史への皮肉に見える。

東トルキスタンは、ウイグル人にとってもカザフ人にとっても民族の原郷である。彼らにとって、北京とモスクワの意向で勝手に引かれた国境線は、まさに自由を剝奪された象徴以外の何ものでもない。

「大ハーン」ナザルバエフは新疆側で暮らす同胞たちの境遇に目を光らせている。中国政府の高圧的な民族政策が場合によっては民族の新たな大移動を触発する危険性を帯びているので、独立したばかりのカザフスタン政府も神経をとがらさざるを得ないからだ。その慎重な態度は、独立国のモンゴルが内モンゴルに関心を寄せるのと近似している。

孔子に源を発する儒教の思想が歴史的に万里の長城の最西端、嘉峪関を越えたことは歴史的に一度もなかった。中国人が建てた長城は儒教とイスラームとの境界線でもあった。

ただ、厳密にいうと、一度だけ、中国の為政者たちは東トルキスタンで儒教を強制したことがある。それは、十九世紀後半に回民のムスリムたちが清朝に対して大反乱を起こし、鎮圧された後のことである。湖南省出身の中国人軍閥の左宗棠が儒教でもってテュルク系住民たちを中華の臣民に改造しようと試みたが、猛反発を受けて失敗に終わった。

今日においても、新疆ウイグル自治区のウイグル人とカザフ人が最も抵抗しているのは中国への同化政策である。儒教とイスラームは、水と油のように混合不可能な思想体系からなっている。孔子学院を武器に中華思想をイスラーム圏へ広げようとする中国の野望は、中央ユーラシアの新たな火種になる可能性が高い、と指摘しておかねばならない。

✝ジョチ・ハーンの子孫たちからの逆襲

中国の宣伝機関である孔子学院の設置を受け入れている中央アジア諸国の指導者はほぼ例外なく独裁者である。独裁者と聞いて思い浮かぶのは対外強硬路線を貫き、国家の富を独占し、諸民族を弾圧する習近平国家主席のような存在であろう。しかし、中央アジアにはそれとは異なる遊牧民社会特有の「独裁」が見られる。

遊牧民の子孫からなる中央アジア五カ国の国民は、リーダーの政治運営に二つの伝統の維持を求める。

第一に、かつて草原のハーンたちが帝政ロシアや中国の朝廷と良好な関係を構築してきた伝統の継承である。

第二に、諸国との交易で得た富の平等な分配である。

カザフスタンのヌルスルタン・ナザルバエフ元大統領もウズベキスタンの故イスラー

ム・カリモフ大統領も共に「ソビエトの良き幹部」で、ソ連崩壊後は「有能なハーン」に変身した。

二人はソ連の政治遺産を積極的に利用してきた。ソ連崩壊後の分離独立国家の指導者の中で、一度も国家元首のポストから降ろされていない。ナザルバエフは一九八九年にカザフスタン共産党中央委員会第一書記に就任以後、モスクワとの太いパイプを維持してきた。一時はロシアとウクライナとの紛争を調停する役も担ったほどである。

亡きカリモフも同じく一九八九年にウズベキスタンで同じ地位に就いた。アメリカで発生した「九・一一」テロ事件後は米軍駐留を一時的に受け入れたが、欧米からの政治的干渉が露骨になると、すぐにロシアと中国との「古い関係」の維持に腐心するように変身した。

彼らは豊富な地下資源を大胆に開発し、インフラ整備を進めてきた。ただ、遊牧民が尊ぶ富の分配は怠らない。農耕社会の中国のように、頂点に立つ指導者が国家財産を特定の家族で独占する中華皇帝型独裁とは対照的である。この点はトルクメニスタンのサパルムラト・ニヤゾフ前大統領にも共通している。

ただいくら隣国の中ロと仲良くしても、国境に縛られない遊牧民への無理解から時に激しい対立も起きる。プーチンは二〇一四年に「カザフ人は過去に一度も国家を持ったことがなく、ナザルバエフが初めて国を造った」と発言した。ソ連に強烈な郷愁を抱き、分離独立した中央アジア諸国に恨み節をも披露して見せた。

これを聞いたナザルバエフは翌二〇一五年に「カザフ建国五五〇周年祭」を盛大に行った。カザフ人最初のハーンが誕生した歴史に自身を重ね、すでに国民から半ば公然と「カザフスタンの大ハーン」と呼ばれている。

建国祭はロシアに呑み込まれる危機感を有する国民を鼓舞する方策でもあった。一九九一年に独立した直後はカザフ人とロシア人の人口は拮抗していたが、ナザルバエフはロシア人の民族主義の芽を摘むよう徹底的に弾圧を加えた。ロシアとの二重国籍の承認やロシア語の国語化、人口比に応じた公職ポストの配分などを求めるロシア人の政治家は容赦なく国外追放か監禁した。

「ここは我々がロシア皇帝のために戦って獲得した大地」とコサック系が主張すれば、「南シベリアの広大なステップ草原も、もとはすべてカザフ人の故郷」と反論する。困難な交渉を経てロシアや中国との国境線を確定し、分裂を防いだのは、「大ハーン」の巧みな政治交渉の成果である。

「大ハーン」ナザルバエフはまた、南部の首都アルマトイを放棄して北遷を決行した。建築家の黒川紀章がデザインしたアスタナを新都と定めたのも、北部のロシア国境地帯に住

ウズベキスタン共和国サマルカンド市内に立つ故カリモフ大統領像。独裁的な一面もあったが、人気は高い。2019年夏撮影。

むコサックの子孫らの離反を抑えるためである。アスタナは現在、ヌルスルタンに改名した。ヌルスルタンはナザルバエフの姓である。

†「ソ連型エリート」の退潮と後継者不在の中央アジア

中央ユーラシアのステップに誕生した近代型の国民国家には、深刻な問題が一つある。それは、後継者の問題である。例えば、ウズベキスタン大統領のイスラーム・カリモフが二〇一六年九月に逝去した際に、その現実を遊牧民の子孫たちは経験した。

ウズベク人は大統領のために、その出身地の古都サマルカンドで厳かな葬儀を執り行った。多くの国民は大統領の突然の死を悲しみながら、同時に祖国の将来について不安を抱いたのは当然のことである。他の中央アジア諸国と同様、「大ハーン型の大統領」を頂くウズベキスタンもまた、次期指導者を定めていなかったからである。

「大ハーン型」とは、時代の潮流に合ったかのような「民主主義のマスク」を半分かぶりながら、時折その仮面を脱いで中世的な強権的統治を敷く指導者を指す。カリモフだけでなく隣国トルクメニスタンのニヤゾフ前大統領（故人）や、同じくカザフスタンのナザルバエフ元大統領もそうしたリーダーだ。強力なライバルの出現を事前に封じ込めることで、批判や異論をかわし安定した政権運営を主導してきた。その一方で後継者が育っていないため、死後に国が動乱に陥る可能性をはらんでいる。その動向に注目し続けなければならない。

カリモフは一九三八年にサマルカンドに生まれた。サマルカンドは、その美しさから中央アジアの詩人たちが常に称賛してきた歴史ある都市である。民族としてはウズベク人としてのアイデンティティーを有する人々が住んでいる。

一四世紀後半、モンゴル帝国のチンギス・ハーン家の婿で、「鉄のごとき男」の名を持つ将軍ティムールがサマルカンドにティムール朝を樹立した。一六世紀末になると、やはりチンギス・ハーンの子孫からなる「遊牧ウズベク」と呼ばれる民族がアラル海の北から侵攻してきた。彼らはティムール朝を滅ぼして定住し、都市民やオアシスの住民との混血も進んだ。

このような重厚な歴史を有する多民族混住の古都で、カリモフは生まれ育った。大学で工学を学び、テクノクラート（専門知識を持つ技術系官僚）幹部としてソ連時代に活躍した。ソ連の崩壊を彼はウズベキスタン共和国共産党第一書記として迎えた。そのまま独立国家の大統領に横滑りし、以後、四半世紀に及ぶ長期政権を維持してきた。

ウズベキスタンは国土面積こそ隣国カザフスタンに及ばないが、人口の面では中央アジア随一の大国で、およそ三千万人の国民を擁している。この国でカリモフは「中央アジアの火薬庫」を抱えてきた。東部のフェルガナ盆地である。フェルガナ盆地は中央アジア随一のオアシスである。農耕と都市文明が華やかに開化したため、イスラーム教も定着し、人口密度も高い土地である。

過激派路線を歩んできた反体制武装組織「ウズベキスタン・イスラーム運動（ＩＭＵ）」もまたフェルガナに源を発し、カリモフ政権によって厳しく弾圧されてきた。ＩＭＵ系統のゲリラは一九九九年夏にキルギスで鉱物調査に携わっていた日本人技師らを拉致したことでも国際的に注目を浴びたことがある。

「ウズベキスタン・イスラーム運動（ＩＭＵ）」のメンバーには、ロシアのチェチェン人と中国・新疆ウイグル自治区のウイグル人などがいる。彼らは「ユーラシアの二大帝国ロシアとキタイ（中国）からの独立」との政治目標を掲げている。今後はカリモフの逝去と政治的不安定により、ＩＭＵが再び活発化する可能性は否定できない。

「親愛なる友」カリモフを失った隣国カザフスタンのナザルバエフも二〇一九年春に辞任し、後継者としてカシムジョマルト・トカエフが新しい大統領に選定された。トルクメニスタンのニヤゾフに続き、カリモフ、そしてナザルバエフと、ソ連が育て上げた共産党書記出身者らの退潮が顕著になってきた。それに伴って、独裁者が運営してきた中央アジア諸国の将来像はますます描けなくなっている。

中央アジアのカザフスタンに建つ14世紀の聖者、ホージャ・アフマド・ヤサヴィーの墓廟。ジョチ・ハーンの子孫たちもまたその傍らに眠ると伝えられている。2020年春撮影。

では、希望への窓口はどこにあるのか。答えは民族主義にある。民族の歴史の再発見とそれへの回帰に中央アジアの指導者たちは活路を見出そうとしている。

プーチンに揶揄されたように、中央アジア諸民族の歴史は複雑である。もともとテュルク系とモンゴル系の遊牧民は互いを厳密に区別しなかった。かつて西ローマ帝国を脅かしたアッティラ大王やチンギス・ハーンもカザフ人の祖先との歴史観が中央アジアに定着している。それだけではない。現在、「カザフ人はチンギス・ハーンの長男、ジョチ・ハーンの系統を汲む民族である」との歴史観も主流を成している。二〇二〇年には「ジョチ・ハーン国成立八〇〇周年祭」を実施する予定である、と現地の知識人たちは筆者に語っていた。筆者も記念行事に招待されたものの、中国発コロナ禍が全世界の人的移動を止めたことで、現地に行けなかった。ナザルバエフはさらにこうした民族の歴史観を巧みに利用して「中央アジア協力機構」などを構築し、中央ユーラシアの盟主を目指してきた。ナザルバエフの三女はキルギスのアスカル・アカエフ元大統領の長男と結婚していたこともある。今でこそカザフ人とキルギス人は別々の民族と称し、異なる国家を擁しているが、言葉はそのまま通じ合い、ソ連が誕生するまでは同一民族と見なされていた時期もあった。国家元首家同士の通婚も、草原の部族長たちが連盟を強化するのに用いた政略結婚の現代版である。

テュルク系の諸国家の元首たちが国際会議に臨む際、ナザルバエフはトルコのエルドアン大統領と誰が正中心の席に着くべきかで、「冗談を交えて言い争った」という逸話も中央アジアでは語られている。

†民族地政学における現代モンゴルの困難

二〇一九年一月一日、筆者はモンゴル国の首都ウランバートルで新年を迎えた。新春とは名ばかりで、マイナス二〇度に下がるほどの厳冬だが、政治だけは熱気に満ちていた。一九九一年に社会主義体制が崩壊して民主化が実現して以来、政局は混乱が続いてきた。最大の原因は、「草原の民」モンゴル人が自由主義市場経済とグローバリゼーションといった現代資本主義に慣れていないからだ。

遊牧民は大草原に分散して、一戸一戸単独で家畜の放牧を行い、緩やかな部族集団を形成してきた。普段は独立精神が強く、上からの統率に簡単に従おうとしない。だがカリスマ性に富んだ優れたリーダーが誕生すれば、馳せ参じて全財産を寄付し、全身全霊で追随し奉仕する。一三世紀に世界帝国を築いたチンギス・ハーンはその代表だ。

二十世紀では「独裁者」とも称されたチョイバルサン元帥がその典型だった。彼は一九四五年八月にモンゴル人民共和国軍を率いてソ連の対日宣戦に参加した。内モンゴルの同胞たちを解放し、新疆北部のモンゴル人とカザフ人を統合した遊牧民族の社会主義国家を建立しようとしたが、モンゴル系とテュルク系諸民族の一体化を恐れるソ連によって阻止された。国際共産主義陣営の最高指導者スターリンに度々異を唱え、国内では強権的な手法で世界第二の社会主義国家を率いた。チンギス・ハーン以降、孤高にして独立精神の強いモンゴル人を束ねることができたのは、チョイバルサンくらいだろう。彼は今も国民に人気が高い。

だが、社会主義体制が消えた後、モンゴル国の政治は混乱の過去に逆戻りした。共産党系のモンゴル人民党と、民主化運動を推し進めた民主党の対立が激しく、国民の利益よりも党利党略の政争に明け暮れている。国民の我慢は限界に達し、以前から続いてきた反政府デモは毎週のように大統領官邸前で繰り広げられている。

新年早々、筆者は高層ホテルからデモ隊を見下ろしていた。遠くに各国の大使館が立ち並び、車の出入りも手に取るように見える。ウランバートルはトルコのイスタンブールと並び、冷戦時代から東西二陣営の情報関係者が暗躍する場所だ。イスタンブールでは海辺の喫茶店からボスポラス海峡を観察して、黒海から出てくるソ連艦船の動向を予測するそうだが、ウランバートルでは大使館の動静が重要だ。

ソ連崩壊後の今も、ロシアと中国の出方に神経をとがらせている。特に中国は人民党と民主党双方の有力政治家に献金し、中国に有利な政策を行わせているだけではない。政局を激化させながら調停役を演じて漁夫の利を得ている。こうして中国の外交官がこの国の「闇の支配者」になりつつある、と市民は不満を抱く。

かつてこの地で遊牧といえば、自由と富の象徴だったが、今やその伝統的な観念は崩れた。資本主義の荒波を受け、経済の主軸は豊富な地下資源の開発に移行しつつある。貧富の差は拡大し、遊牧民は貧困の代名詞となってしまった。

筆者は二〇一八年夏から中央アジアのウズベキスタンを二度、訪れた。独裁的なカリモフ前大統領の下、旧ソ連から独立したウズベク人初の民族国家は、成功している。民族の独立を果たしたことで、国民の誇りは高い。ウズベク人だけでなく、ロシア系住民さえ、「ウズベキスタンを愛している」と誇らしげに宣言するほどだ。同じ遊牧民であるモンゴルよりも人々の表情は明るく、経済的にも発展し、貧困層は少ない。

そうした経緯から、現地中央アジアの知識人たちは「ある程度の独裁者」に肯定的である。また、ウズベキスタンの発展のカギとして、彼らは「古くから都市と市場経済の要諦が分かるオアシスの民」の存在を指摘する。

民族地政学的に見れば、現代モンゴルは様々な困難に直面している。地政学が以前よりも海洋と連動してきた近代において、モンゴル高原の存在価値が一時的に低下したことは否めない。また、シルクロードの要衝だった中央アジアと異なり、北方のモンゴルにはオアシスがなく、市場原理に精通した商人も成長していなかった。だからこそチンギス・ハーンはアラブ商人を使いこなし、チョイバルサンは市場経済でなく社会主義集団化で遊牧経済を発展させ、国民を豊かにした。そして今、草原の民はいかなる方向を目指すか、まだ模索が続いている。

第七章　日本の幻想

日本語を文法的にみますと、朝鮮語、ツングース語、モンゴル語、それからチュルク語、これらに類似の点がいくつもあります。このうち、ツングース、モンゴル、チュルクのこの三つはアルタイ諸語とよばれていますが、日本語はアルタイ諸語の系統にちかいのではないかということが、むかしからいわれておりました。（梅棹忠夫著『二十一世紀の人類像』講談社学術文庫、一九九一年）

ここまでは、中央ユーラシアの視点で内モンゴルの民族地政学的歴史と現状について述べてきた。では、日本はどのようにこの重要な地域を捉えてきたのであろうか。本章では具体的な事例を通して、日本の内モンゴル観について概観してみたい。

日本には「スーホの白い馬」物語がある。しかし、モンゴル人はその話を全く知らない。多くの日本人は「スーホの白い馬」を通してモンゴルを知るよう努力するらしいが、それは間違った異文化理解になっている。では、どうしてこのような異文化理解の行き違いが生じたのであろうか。

†違和感だらけの「スーホの白い馬」

「スーホの白い馬って、知っているか」

このように聞かれたのは、確か一九八九年初夏のことだったと記憶している。日本に来てまだ数カ月しか経たなかった頃に、友達にそう尋ねられた私は、何のことかさっぱり分からなかった。友人は私にそのストーリーを紹介し、小学校の教科書にも載っている、と語った。

早速、赤羽《あかば》末吉画・大塚雄三訳（のちに再話）の「スーホの白い馬」を手に入れた。読み終わってから、奇妙な気分に陥った。好きであると同時に、強烈な違和感を覚えた。愛憎相半ばの気持ちであった。

好きなところは何よりも、モンゴルの文化がみごとに描かれていることであった。のびやかな草原の地平線と寺など、まさに私の故郷の風景そのものが舞台となっているではないか。赤いモンゴル服をまとった少年スーホも、幼少期の自分と重なる。赤い服はどちらかというと女性のものであるが、男の子も小さい時には着る。私も子どもの頃に赤いモンゴル服を着て、母親に連れられて町で開かれた競馬大会を見学していた。町には社会主義

社会主義制度が導入された後、1950 年代初期の内モンゴル自治区の競馬風景。赤羽末吉が見ていたのと異なるのは、背後の天幕に中国人の「神」たる毛沢東の肖像画が飾られていることであろう。筆者蔵。

中国の人民公社の本部があった。

故郷の風景と言っても、私は中国に破壊された伝統文化の残滓の中で育った人間である。主人公スーホが見なれていたチベット仏教の寺は、一九六六年に始まった文化大革命中（一九六六〜七六）にほとんど壊された。私は地元の名刹の廃墟に立って、祖母と母親が中国人から暴力を受けるのを眺めていた。祖母をはじめ、我が一族は「労働人民を抑圧した、反動的な搾取階級」と断罪されていたからである。モンゴルでは競馬は基本的に少年少女のスポーツであるが、私には参加の資格がなかった。「貧しい労働人民」の家に生まれた少年少女だけが馬を飛ばしていたのを私は羨ましかった。社会主義制度の優越性を示し、想定されるソ連軍の侵攻を粉砕しようとして競馬大会は開かれていた。

絵本を見た時の違和感は三点あったが、それも中国文化大革命を経験していたから、一段と強かった。

まず、とのさまが悪人として描かれていた点である。清朝時代の辮髪《べんぱつ》をし、後ろ姿しか映っていない。けらいたちは太い鞭でスーホを殴り、怪我を負わせた。逃げようとするスーホの白い馬に奪おうとして射殺を命じたような「悪いとのさま」に関する展示もまた私が属する人民公社の本部にあった。牛の革で編んだ太く、黒い鞭には真っ赤な血が塗られていた。奴隷を殴り殺した際についた血だ、との説明文があった。私の祖父は社会主義中国が成立する前に、中華民国の役人だったので、「労働人民を黒い鞭で叩いていた、悪いとのさま」だと批判されていた。

「あれは本当に奴隷の血なの？」と私は母親に尋ねた。

「ブタのもんさ」、と母は教えてくれた。

「祖父ちゃんは本当に人民を殴っていたのか」と私はさらに聞く。

「そんなことはなかった、と漢人の方も証言してくれたが、搾取階級だという政府の断定は変わらない」

母の話から、壮大な嘘がモンゴル草原を覆っている現実に、少年の私は気づいた。中国は当時、階級闘争論をモンゴル社会に持ち込み、遊牧民を搾取階級の「牧主《ぼくしゅ》」と「富牧」、貧牧、貧下中牧に分類していた。それぞれ中国社会の地主と富農、貧農と貧下中農にあたる。前者二つは搾取階級で、後者を抑圧する存在とされ、「肉体的にも消滅の対象」、つまり殺害すべき人間だとされていた。

しかし、実際の遊牧社会は農耕社会と異なり、搾取階級は存在しなかった。生活の基盤は馬とウシ、ラクダとヒツジ、それにヤギからなる「五種の家畜」であった。モンゴル人の遊牧民はそれぞれ遠くに分かれて暮らし、独自の群れを所有していた。草原は太古の昔から万人の共同所有であった。したがって、土地の所有に即した搾取体制は確立しなかった。貧富の差はあったが、それは勤勉か否かが原因であった。力による政治的抑圧と経済的な搾取の制度は成立しなかった。

「とのさまは人民を搾取した」と文化大革命中に政府は宣伝していた。しかし、「王府では王妃さまが誰よりも朝早く起きて働いていた」、「とのさまはいつも王府の衣類と食べ物を貧しい人に配っていた」、とモンゴル人は語って、静かに抵抗していた。要するに、スーホを殴った「悪いとのさま」は、現実的にはどこにも存在しなかった。

次の違和感は、絵本の冒頭の一句にあった。

「中国《ちゆうごく》の北《きた》のほう、モンゴル」との表現である。中国人が建てた万里の長城の北側がモンゴルであるのは自明のことである。わざわざ「中国の北のほう」としたのは、モンゴル人民共和国ではなく、内モンゴル自治区を指しているのも分かっていた。それでも、モンゴルはモンゴルだから、わざわざ「中国」を持ち出す必要はなかったのではないか。日本人は中国を基準に、中国側の視点に立って、モンゴルを見ているのだ、と私は直感した。

この「中国の北のほう、モンゴル」との表現に強い違和感を覚えていたのは私だけでなく、近年に「スーホの白い馬」が創作された背景を究明したミンガド・ボラク氏も著書『「スーホの白い馬」の真実』の中で、「赤羽末吉にしろ、大塚雄三にしろ、出版関係者にしろ、誰もこの「中国」という言葉に違和感を覚えなかったようである」と指摘している。

二十世紀初頭に日ロ戦争が満洲とモンゴル草原で繰り広げられた時から、日本人は初めて現実のモンゴル世界に足を踏み入れ、モンゴル人と出会う。それまではひたすら漢籍を通して「中国の北のほう」に住む匈奴や突厥、蒙古と満洲人などの遊牧民に関する知識を得ていた。中国が遊牧民を敵視していたことから悪意でもって誹謗中傷し続けてきた中華思想を日本人も知らぬ間に受け入れた。北狄《ほくてき》という差別用語を使い、「野蛮・好戦的・非文明的」という視点で理解してきたのではないか。第二次世界大戦期に入ると、日本の殖民地となった満蒙について綿密な、体系的な調査をおこなった。それでも「中国の北のほう」という中国中心の他者認識（世界観）を捨てていなかったようである。もともと地理的な空間だったモンゴルを「中国の北のほう」と表現したことで、政治的空間に変質してしまったのである。

最後は、馬の射殺のシーンである。

「遊牧民が生きているのは、家畜の御蔭だ」という格言がモンゴルにあるくらい、家畜を武器類で殺すことは絶対にありえない。馬を射殺することもタブーである。

本書の冒頭で述べたように、ユーラシアの遊牧民は「五種の家畜」をマルと称し、財産を意味する。なかでも特に馬は名誉と富のシンボルである。古代において、馬は戦闘に欠かせない存在であった。モンゴル高原に残る、八世紀の古代突厥人の碑文と十三世紀のモンゴル語年代記『モンゴル秘史』などには数多くの馬が登場する。どこで、誰と戦った際に、どんな毛色で、いかなる性格の戦馬に跨っていたかなどについて、戦士同然の記録を残している。近現代に入ってから、利用価値が下がっても、馬の持つ精神的な象徴性は変わらない。遊牧民は最愛の子を溺愛するように、馬に並々ならぬ情愛を注ぐ。裕福な者は何千頭もの馬を所有するが、貧乏人でも騎乗用に一頭や二頭は持つ。貧困のどん底に落ちても、最後まで馬を手放そうとしない。

馬を射殺すどころか、早く走れ、と鞭でお尻を少し強めに叩いただけで、親に怒られたのを私は覚えている。叩くよりも、手綱さばきで馬に指示を出して、人馬一体となって走るものだ、と教えられたものである。このように、「スーホの白い馬」が描くモンゴル社会は現実には存在しなかったのである。換言すれば、再話者と画家はモンゴル社会の実態と文化について完全に無知であった。実際の文化を知らずに、空想に依拠して他者を描くことをオリエンタリズムという。「スーホの白い馬」は日本的オリエンタリズムを具現した作品である。では何故、空想のモンゴルが描かれたのだろうか。

†階級闘争論にもとづく改竄

馬を熱愛するモンゴル人が、少年の愛馬を奪ったり、殺したりすることは絶対にありえない。では何故、このような話が日本に伝わったのであろうか。

死んだ愛馬の骨やたてがみ、尻尾の毛を使って、馬頭琴を作ったという話はモンゴルの各地にある。なかでも「青いナムジル」や「天馬ジョノン・ハル」は代表的なバージョンであろう。モンゴルでは普通、「フフー・ナムジル」と呼ぶ。ミンガト・ボラグによると、ナムジルはチベット語で「勝者」を指す。「フフー」が日本語で「青いナムジル」と訳されているが、本来はカッコウを意味する。「カッコウのような美声の持主ナムジル」だったわけである。それはだいたい、次のようなストーリーである。

草原にナムジルという青年が暮らしていた。遠いところへ兵隊として出征した。彼は駐屯地で好きな女性と出会い、除隊してからも翼《つばさ》のある駿馬（ジョノン・ハル）に跨って会いに行っていた。しかし、ナムジルに思いを寄せていた近所の娘がやきもちから馬の翼をこっそり切り落とした。愛馬を失くしたナムジルの涙は降りしきる雨のように草原に流れた。すると、愛馬の頭は木の彫り物に、首は棹《さお》に、長い尾は楽器に張られた弦《げん》と、しなやかな弓になった。それが馬頭琴《ばとうきん》である。

このように、翼は切り落とされたが、直接、馬を殺害するような話ではない。では、どうして物語は「悪いとのさまが貧しいスーホの白い馬を射殺す」ように変質してしまったのであろうか。

大塚雄三が再話に利用し、赤羽末三が参考にしたのは、おそらくは中国人の作家、塞野が一九五六年から一九五八年に改編した『馬頭琴――内蒙古民間故事』や一九五八年刊の『中国民間故事選』であろう。中国では、一九五〇年代からマルクス・レーニン主義と毛沢東思想に基づいた「階級闘争論」が強調されてきた。文学作品も階級間の闘争を描かなければならない、という政府からの命令が全国の少数民族地域にも伝達されていた。もともと階級間の対立はなかったモンゴルにも中国の農耕社会の階級論が導入されて、新たに「搾取階級」の概念が創造された。当然、「とのさま」は「貧しい労働人民の馬を奪い、射殺す悪人」でなければならない。塞野は社会主義中国の政策に沿ってモンゴルの民間に伝わる、「青いナムジル」のような物語を政治的に改竄《かいざん》したのであろう。改竄した結果、本来のモンゴル文化から著しく逸脱してしまったのである。

「とのさま」だけではない。主人公の名前、スーホは斧を意味する。このユニークな名前も中国人作家塞野の創作と見ていい。斧は中国共産党の党旗にも印刷されている、プロレタリアートのシンボルマークである。モンゴル草原のスーホは、中国共産党員になっていく将来を塞野の作品は暗示している。というのも、傍例があるからである。社会主義のモンゴル人民共和国でも、建国の父の名は「スフバートル」で、「斧の如き英雄」の意である。スーホとスフは単なる訳者の好みから生じた違いに過ぎない。

中国政府がモンゴル社会に「階級闘争」論を導入した目的は草原を奪い、遊牧民を定住させるためである。農耕こそが至上の文明で、中国人は遊牧民より優れた人種だという中華思想が古くから存在した。ソ連からマルクス・レーニン主義の思想が伝わると、遊牧は「立ち遅れた生業」で、定住民となって「発展」しなければならない、との発展段階論が定着した。遊牧民を敵視する中華思想と社会主義の発展段階論がみごとに合体し、モンゴル人の遊牧生活は完全に否定された。加えて、中国は万里の長城の南側で増え続けていた人口的圧力を減らすために内モンゴルへ移民を進めていた。中国人移民にモンゴルの草原を農耕地として与える目的から、モンゴルのエリート階層である「とのさま」は殺害された。暴力と革命を正当化する階級闘争論がモンゴルに導入された背景と目標はここにあったのである。

†日本の殖民地だった内モンゴル

日本共産党と深く関わっていた赤羽末吉は特殊な時代に日本から侵略先の満蒙に渡っている。一九三二年のことだ。その一年前に日本は満洲事変を起こし、張学良を満洲から追放した。張一族はモンゴル人を弾圧し、草原を占領していた軍閥であったので、関東軍の行動はモンゴル人に支持された。モンゴル人青年たちはこの時に「モンゴル独立軍」を結成して、独立へと疾走し始めた。翌年、日本は退位していた清朝のラスト・エンペラーの宣統帝溥儀《ふぎ》を執政として満洲国を成立させた。遊牧生活を送るモンゴル人に日本は配慮し、興安省を設置して高度の自治を与えた。一九三四年三月、溥儀は帝位に即し、満洲帝国が誕生した。モンゴル人は独自の騎馬軍団を擁し、将来の独立建国を目標としていた。

満洲国と接する地域、興安嶺の西側の大草原にはチンギス・ハーンの直系子孫徳王《とくおう》（デムチョクドンロプ　一九〇二〜六六）というとのさまを指導者とするモンゴル人たちもまた中国からの独立を目指して民族自決運動を展開していた。満洲国の成立はモンゴル人に希望を与えた。徳王は最初にモンゴル軍政府、次いでモンゴル聯盟自治政府、そしてモンゴル自治邦を最終的に建国する。徳王政府に日本軍は関与し、実質的に支配していた。満洲国と徳王政府を合わせると、内モンゴルの三分の二が日本の殖民地だったのである。

徳王のようなとのさまが統治していた内モンゴルは平和な社会であった。雑誌『蒙古』は次のように伝えている。

総面積五〇万六八〇〇平方粁は日本本土、九州、四国及び朝鮮を合したのに該当し、労働資力としての人口密度に於いては、全地区、平均一〇・九人は日本内地一八一人に比較すれば寥々たるもので在り、満洲国二五人に比しても其半数率以下に過ぎない……

一九四〇年の統計によると、モンゴル聯盟自治政府の総人口は五百五十四万人に達した。そのうちモンゴル人は二十九万人で、他は中国人と回教徒の回民である。このような内モンゴルには日本人在住者も多かった。「華北蒙疆の邦人数」を『蒙古』十一月号は記録している。

総人口の出身者別内訳は内地人男十四万八千六百五十一名、女九万六千百廿六名、計廿四万四千七百七十七名、半島人男三万九千五百四十四名、女三万五百七十九名、計七万百廿三名、台湾人男六百八十七名、女二百七十名、計九百五十七名となり……

当時、日本人だけでなく、台湾や朝鮮半島出身者も内モンゴルに渡っていたことが分かる。遊牧民のモンゴル人は家畜の放牧にたずさわっていた。日本人が取った家畜に関する当時の統計は以下の通りである。

緬羊：三百九十五万五千頭
山羊：八十九万五千頭
牛：五百六十万一千頭
馬：五百万一千頭
駱駝：五万三千頭

日本は当時、モンゴル人が中国から独立する運動を支持していたので、進出先でとのさまとも仲良くしていた。例えば、一九四一年、満洲国国務院外交部次長などを務めた大橋忠一《ちゅういち》が、モンゴル自治邦の実力者の座、最高顧問に着任した。とのさま徳王は一九四二年の元旦に自身の宮殿で盛大な宴会を催した。大橋自身、次のような感想を残している。

1939年7月24日から8月26日まで静岡県静浦に滞在していた内モンゴルのモンゴル人留学生たちが楞厳院で撮った一枚。『蒙古』昭和14年9月号より。

夜の祝賀の晩餐は賓客用の内蒙第一と言われる豪華な包の中で行われ、真ん中に牛糞を焚き、羊の肉を種々に料理した立派な晩餐が供せられた。その間楽人が柔かい嚠喨として心持の良い蒙古音楽を奏で続け、酒盃の廻るに連れて、徳首席自ら琴を弾じられ（た）……

ここでいう徳首席は徳王のことである。

†荒唐無稽の産物

殖民地満洲国にいた赤羽は、一九四三年六月から七月にかけて徳王と日本が統治する内モンゴルを旅した。本人によると、「蒙古民族の希望で、北満に成吉思汗《チンギスハン》の廟《びょう》をたてることになって、その壁画を政府から委嘱《いしょく》された五人の我々画家が、遠く内蒙古に旅したのである」という。チンギス・ハーン廟は興安省の省都王爺廟において、一九四一年五月から建築し始めたものである。

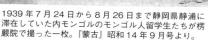

モンゴル人は古くからチンギス・ハーンを神として神聖視し、祀ってきた。その独自のチンギス・ハーン祭殿は私の故郷、オルドスにある。オルドスのモンゴル人はチンギス・ハーンが亡くなった時から、祭祀活動を維持してきた特殊な集団である。チンギス・ハーン祭祀には全モンゴルの人たちが参加していたので、満洲国が新たにチンギス・ハーン廟を建てようとした際に、当然、オルドスの祭殿を参考にしなければならない。赤羽ら一行はシリーンゴル盟の貝子廟《ベイス》（バンディド・ゲゲーン・ヘイト）を訪れて取材したが、モンゴル側では芸術家のナイライドらがオルドスを訪問して、設計のアイデアを集めていた。モンゴル人はチンギス・ハーン廟の建設に寄付したり、工事に参加したりして積極的に支援した。日本に留学していた学生たちも夏休みに帰国して廟建設のボランティア活動に加わっていた。かくしてチンギス・ハーン廟は一九四四年初秋に竣工し、十月八日に盛大な落成式がおこなわれた。

日本が内モンゴル自治区東部のウラーンホト市に建つチンギス・ハーン廟。1998年8月撮影。

チンギス・ハーン廟内にどんな壁画を描いたかについて、赤羽は記録を残していないようである。あるモンゴル学者によると、モンゴル軍の人気を集めていた将校で、民族主義者のアスガン大佐をモデルとしたチンギス・ハーンの肖像画が中央に飾られていたという。

日本は大陸に進出しようとした際に、チンギス・ハーンを利用した。チンギス・ハーンは義経が大陸に渡って成った、という荒唐無稽な話を広げた。また、モンゴル人はほぼ例外なくチンギス・ハーンの直系子孫たる「とのさま」に統率されていたという事実を無視して、日本人がモンゴル人にチンギス・ハーンの歴史を教えてやった、という殖民地の宗主国の歴史観をモンゴル人に強制した。今日においても、モンゴル人にとってのチンギス・ハーンは、日本における天皇と同じ存在である。日本ではチンギス・ハーンを「モンゴルの英雄」と表現する人がいるが、それは相手を矮小化しようとする間違った見方である。現在、モンゴルの一部が日本の殖民地だったという事実を大勢の宗主国の日本人は忘却している。

満洲国のチンギス・ハーン廟はその後、中国共産党に略奪され、壁画類と塑像は徹底的に破壊された。オルドスのチンギス・ハーン祭殿も免れなかった。一九九〇年代から観光ブームが起こると、両者とも「中国の重要文化財」と位置づけられた。

絵本「スーホの白い馬」は、日本では評価されているらしい。しかし、物語を中国人作家から採ったことで、オリエンタリズムの妄想に陥ってしまった。中国人作家が政治的な目的から捏造したような、「悪いとのさま」は現実のモンゴル社会にいなかった。中国の政治的なプロパガンダ作品を無批判的に受け入れ、殖民地支配を踏まえてモンゴルを一方的に描こうとした政治的手法は時代遅れである。教科書に載っている「スーホの白い馬」の物語が描くモンゴルの「文化」と「社会」を小学生たちに伝える際にも、そうした負の歴史に対する反省が必要であろう。赤羽は一九八〇年代に北京を訪れて、「大人だった私は、中国に対して罪人です」と話して拍手されていた。しかし、日本による進出がなかったら、内モンゴルが中国の一部として占領されることもなかった、という真実を彼はわかろうとしなかったのではないか。赤羽が懸命に政治的な演技を披露しても、謝罪すべき相手を間違えている。元々日本共産党との関係が深かった赤羽が、中国共産党に親近感を抱くのも無理はなかろう。

†独断と偏見を放棄すべき時

空想される「スーホの白い馬」の話は、小学二年生が学ぶものであるので、まだ許されるかもしれない。しかし、大学のような学問的世界における内モンゴルに対する理解もまた実に貧弱なものである。実例を挙げよう。

ある内モンゴル人学生が大学院博士課程でモンゴルの拝火《はいか》儀礼を研究テーマに選んだ。

ところが、その学生の指導教員はモンゴルや中央アジアについて無知だったし、学ぼうという姿勢もなく、ひたすら中国の竈《かまど》の信仰との関連性を強調していた。モンゴルの拝火儀礼と中国の竈信仰に何の関連性もない。

モンゴルにおける火の信仰は古代中央ユーラシアのゾロアスター教に淵源し、火の神様はゾロアスターの最高神アフラマズダーである。火の儀礼の細かいところまですべて古代イランやインドの信仰と近似している。一方、中国の竈信仰は道教的な儀礼である。ゾロアスター信仰と道教は、全く無関係である。

右の事例は、決して研究指導上の細やかなトラブルではない。日本人指導教員は、内モンゴルが行政的に中国に属している以上、文化もまた「中国文化の一部」だと思い込み、比較が必要と信じているのであろう。内モンゴルが行政上、中国の一部とされたのも、一九四九年以降に過ぎず、文化や文明の面では長城以南とはほとんど関連性がない。モンゴル文化は中央ユーラシア、内陸アジアの一部である。

†「民族」と「人」の間――日本も意識改革を

ウイグルやモンゴル、それにチベットなど中国の民族問題がクローズアップされている現在、日本のメディアや一部の学界で頻繁に使われる言葉がある。「中国の○○族」、「中国の少数民族」との言い方だ。結論を先に言うと、これらは政治的な差別用語で、慎重に用いてほしい。「民族」は古い概念だが、どう使うかで新たな問題になる危険性を帯びている。

前にも触れた、二〇二〇年夏に突如として現れた、内モンゴル自治区の民族問題から再度、考えよう。

中国政府がモンゴル人に対し、中国語を母語として認め、中国語を中心とした教育を受け入れるよう強制したことで、大規模な抗議デモが発生。誰が見ても、モンゴル人の母語はモンゴル語であるにもかかわらず、他民族の言葉を母語とせよというやり方は文化的ジェノサイドに当たるとして反発は強まった。

民族とは、共通の言語と経済、共通の歴史と心理を持つ人間の集団だ、と社会主義の元祖の一人であるスターリンは定義した。彼の定義は共産主義を信奉する政治家だけでなく、学界でも定着している。「中国的特色ある社会主義」を標榜する北京の理論家らも当然それを知っているはずだ。それでもあえて定義をすり替えた上で、「少数民族」の一つであるモンゴル人に対して使おうとしたのには、独自の民族政策があるからだ。

中国には、自国のモンゴル人が「モンゴル人」と自称するのを禁じ、代わりに「モンゴル族」と名乗るようにとの政策がある。筆者は北京の外交官育成の大学で学んでいた頃に、この政策を初めて知った。日本人と会った際に、うっかり「モンゴル人だ」と自己紹介したことで、厳しく「指導」されたのを覚えている。ウイグル人もチベット人もまた同様である。

モンゴル人は独立のモンゴル国だけでなく、ロシアやアフガニスタンなど世界各国に分布する。どう見ても、「族」の方が集団を指し、「人《じん》」は個人を意味する。一個人が民族全体を代表することはできない、と筆者は次第に違和感を持つようになり、外交官にもなれなかった。

中国が定義する「〇〇族」とは、中国への政治的帰属を強調した概念だ。モンゴル人にとって、独立した祖国、モンゴル国があるため、その祖国への憧れを断ち切ろうと中国は個人に対しても「民族」の使用を強要する。以上は、一九八〇年代半ばまでの話である。

スターリンが言うところの民族は、中国にとっても具合が悪い、と北京は一九八〇年代後半から気づく。それまでの民族は英語の nation の訳語で、国民国家 nation state を建立する権利を生来的に持つ、と位置づけられてきたからだ。モンゴル人とウイグル人にも独自の国民国家を打ち立てる権利があると危機感を持った中国は慌てて米国で使われていた新しい概念、エスニック・グループを「族群」として導入した。ここから、モンゴル人もウイグル人も「中国のエスニック・モンゴル」、「中国のエスニック・ウイグル」とされた。

その中国は最初、「族群」という言葉をも忌み嫌っていた。台湾で民主化が定着するのに伴い、先住民の権利意識も高まった結果、漢民族以外の人々に対し、「族群」が使われていた。中国は「族群は台湾独立の現れ」だとして批判していた。台湾先住民の「独立」よりもモンゴル人やウイグル人の民族問題が深刻化すると、仕方なく「族群」を移入。「民族」も「族群」も、どちらも中国にとっては、諸刃の剣だ。政府政策の当否を検討せずに、外国由来の概念を使うだけでは民族問題の解決に繋がらない。

学界では今や「中国のモンゴル族」云々との言い方はほぼなくなってきたので、メディアもぜひ、「モンゴル人」「ウイグル人」という個人の尊厳を重視する方に転換してほしいものである。

通念では、世界を世界たらしめたといわれるのは、十五・十六世紀のいわゆる「大航海時代」にはじまるヨーロッパ人の世界進出である。しかし、じつはそれよりほぼ二世紀もまえに、アフロ・ユーラシア世界という「世界」は、すでにいったんモンゴルの手によって、ひとつのものとしてつなぎとめられていたのである。（杉山正明著『世界史を変貌させたモンゴル』角川書店、二〇〇〇年）

スターリンの民族の定義に賛成していたレーニンは一つの名言を残している。「他民族を抑圧する者は自身も自由になれない」。チベット人とウイグル人、それにモンゴル人を抑圧し続ける中国政府の統治下で喘ぐ中国人すなわち漢人も幸せとは言い難い。民族地政学が再度、注目されるようになった現在、国際社会は、国際問題でもある中国の民族問題に正面から対処する時期が来ている。日本はこうした民族の国際問題にどう対処すべきであろうか。

†政治集会クリルタイと日本へのメッセージ

二〇一六年十一月十日、世界各国に広がる内モンゴル自治区の複数の民主化運動団体が東京・永田町に集まった。参議院議員会館の一室で「クリルタイ」と呼ばれる大会を開くためだ。

モンゴル語で「議会制」を意味する「クリルタイ」という言葉は古くからの歴史を持つ。紀元前の匈奴時代から、さまざまな思想や主張を持つ部族長が草原の天幕《ゲル》内に円坐し、身分の上下を超えて平等に議論し合ってきた。モンゴルだけでなく、中央アジアのアフガニスタンで各民族の有力者を集めるロヤ・ジルガ（国民大会議）もその一形態である。

百五十人近いモンゴル人を応援しに来たのは、同胞であるモンゴル国の支援者だけではない。香港の民主化運動「雨傘運動」の学生指導者や台湾の与党・民進党系の政治家や学者たち、それにチベット亡命政府とウイグル人亡命組織の代表も駆けつけた。さらには天安門事件以降にアメリカを拠点に民主化運動を推進してきた、大陸系の「中国民主運動海外連合会議」の代表や日本の国会議員の有志らも参加した。

この時のクリルタイはドイツに亡命中のショブチョード・テムチルトを議長に選出した。彼は、本書第三章で述べた、一九八一年時の学生運動のリーダーの一人であった。モンゴル人学生運動は中国で徹底的に弾圧され、リーダーたちも逮捕されるようになると、彼はドイツに亡命して現在に至る。

クリルタイのメンバーたちは、父祖伝来のモンゴル草原が中国に開墾されて沙漠と化し、モンゴル人の生活が困難に陥っていると訴えた。また、一九六六年以降の文化大革命運動ではジェノサイドによりモンゴル人に約四十万人もの死傷者が出たにもかかわらず、中国政府はいまだに真相究明に着手していないと不満を表明した。

クリルタイが中国内外の民主運動家から幅広い支持を得ているのには理由がある。中国は香港をイギリスから取り戻す際に「高度の自治」を保障すると約束したが、とっくに形骸化した。言論の自由を主張する書店主らはひそかに大陸に拉致された。

民意で選ばれた香港議会の青年議員は宣誓式で中国への帰属意思表明を拒否したために、中国政府によって議員資格が剝奪された。自治の建前とは裏腹に、大陸流の共産党独裁政治を世界有数の自由港・香港でも確立したいのが習近平政権の本音だ。

台湾の蔡英文政権も中国に大きな恐怖を感じている。総統選で現状維持（「不統不独」）の民意が示された台湾に対して、海峡を挟んで配備された人民解放軍のミサイルがいつ島に飛んでくるかは予測不能だ。米軍に期待できるかどうかも不透明な中、台湾は民族を超えた民主化運動団体と一致団結して中国政府との対話を模索している。

東京に結集したモンゴル人は中国政府に対し、「真の民族自決の実現」を求めた。自決と自治には天地の差がある。中国共産党は一九二一年の結党当初から、モンゴル人にもチベット人にも自決権を付与すると公言していた。「少数民族側に独立する意思があれば、わが党はその目標が実現できるまで支持する」との見栄まで切った。それらはすべて国民党との内戦を勝ち抜くための甘言にすぎなかった。

一九四九年、中華人民共和国成立の数日前になって、共産党は「米帝国主義の侵略が迫っている」との口実で、自決を撤回して自治権のみを諸民族に与えると決定した。実際には諸民族が主体となる自治ですらなく、漢民族による「漢治」でしかなかった。

クリルタイが会場に東京を選んだのは、大日本帝国がかつてモンゴル人の居住地に満洲国と蒙疆政権を樹立したからである。モンゴル人は旧宗主国である日本の関与を求めている。東京の麻布にある中国大使館はその動向を察知していた。日本にいる中国人留学生を使って、議員会館前で抗議の声を上げさせた。彼らが掲げた「過激な民族主義は日中友好の障害」との横断幕を見れば、中国の矛先はモンゴル人よりも日本側に向けられていることが分かる。

狭量な思想で他者を排除するのではなく、いつでも議論の場に加われる、開かれた会合が遊牧民のクリルタイである。モンゴル人はそうした伝統を活かしながら、中国政府との

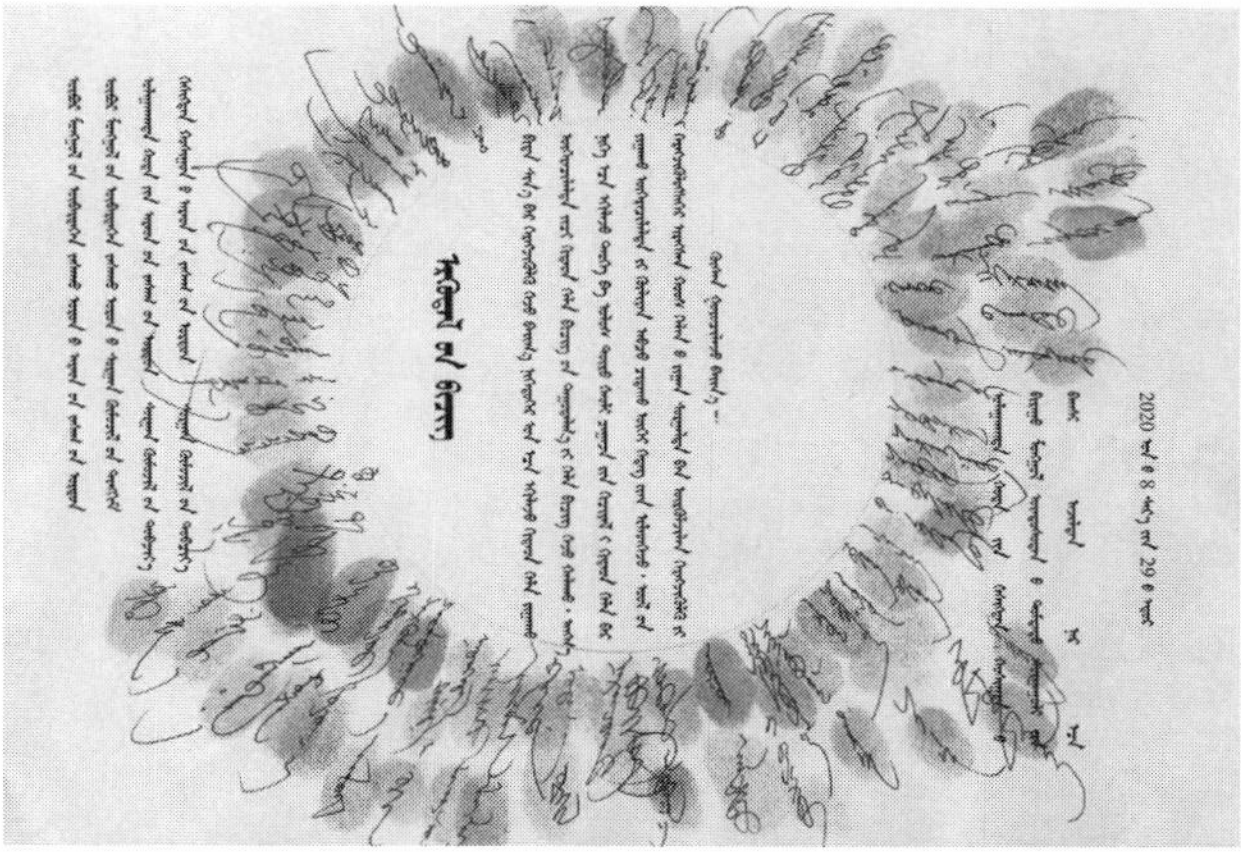

モンゴル語教育の維持を訴える円形の署名

対話を呼び掛けてきたが、完全に無視されて今日に至る。

二〇二〇年九月十二日、雨の東京に一千二百人に上るモンゴル人たちが集まった。本書の冒頭で述べた事件、中国によるモンゴル語禁止政策に反対するデモが中国大使館前で実施された。内モンゴルだけでなく、モンゴル国やロシア連邦からのモンゴル人も駆けつけた。同じ日に大阪でも中国領事館前に百二十人のモンゴル人が抗議集会を開いた。モンゴル人たちは日本の傘連判を彷彿とさせるような形で、円形に署名して結束の意を示した。少し前に、内モンゴル自治区のモンゴル人たちもまた同様な形式で署名してモンゴル語教育の存続を訴えた。こちらも、クリルタイ同様、円形は平等を象徴している。

しかし、中国はモンゴル人の意志を完全に無視した。モンゴル人たちの中には自死でもって抗議する人も現れた。二〇二〇年九月現在、六人の自殺が伝えられている。政府によって逮捕されたモンゴル人の数は八千人に上る、と報道されている。このような内モンゴルに関する関心は、日本でも確実に高まって来ている。

†呪縛を解く時

ひるがえって、日本はどのような立場に立たされているのであろうか。二〇二〇年は、戦後七五周年を迎えた節目の年でもある。これほど光陰が過ぎても、日本は未だに戦争の呪縛から解脱できていない。

筆者がいう呪縛とは二つある。一つは、いかなる戦争も絶対悪だという偏った見方が根強く残り、日本人の思想的源泉を枯渇させていることだ。もう一つは、現実離れした非武装論が蔓延《はびこ》り、国家としての日本の現状を悪化し、将来を暗くしていることだ。世界史的に見て、この二つの呪縛を解かない限り、先進国から転落するのも時間の問題だろう。

我々人類、ホモサピエンスという種は誕生してからずっと戦争をしてきた。人類の拡散史はすなわち戦争史だと表現しても言い過ぎではない。先に形成し、定着していた集落を襲い、征服し、自らの領土と財産にしていったのが、ホモサピエンスの地球占拠史である。

その過程で、戦いに歯止めをかけようとして、さまざまな思想が生み出された。近代以降に出現したのが、正義と非正義の戦争観だろう。

二十世紀に勃発した二度にわたる大戦を人類は正義と非正義の価値観で処理した。しかし、その処理方法が未来永劫にわたって正しいとは、制定者自身も想定していなかったのではないか。戦勝国の方は戦後も事あるごとに戦争でもって紛争や非正義なる存在を処理してきた。たとえば、アジアやアフリカ諸国が宗主国のフランスやイギリスに対して発動した戦争は「殖民地支配からの解放」と謳歌された。正義の戦争観を打ち立てた西洋諸国も苦渋の心情で殖民地の独立を受け入れざるを得なかったのではないか。

ウズベキスタン共和国西部のカルシという地の草原。羊群の後ろに見える小高い丘の上に、米軍の基地が一時的に置かれていた。米軍はここから飛び立ってアフガニスタンの武装勢力を空爆していた。2019 年夏撮影。

旧ソ連も同じだ。

一九七八年のアフガニスタン侵攻は社会主義の正当性を確立しようとしたものの、逆に世界中からのムジャヒディン（聖戦士）の結集を促した。サウジアラビア生まれのビン・ラディンもそのような一人で、彼の思想を汲む者はついに二〇〇〇年九月十一日にニューヨークの世界貿易センタービルに突入していく。彼らの戦いについて、どこで、どういう風に「正義」の線引きをすればいいのだろうか。

戦争は資本主義の悪で、社会主義国家はそれを行使しないという神話もあった。しかし、一九七九年に中国とベトナムは戦火を交えて、その神話を粉砕した。両国の背後にはソ連とアメリカもいたので、イデオロギーによる正義と非正義の区別は無意味だと証明された。従って、日本だけが非正義の戦争を起こし、「侵略」された側にすべての正義があるという見方は成立しない。

実は、この「戦争絶対悪」論、すなわち正義対非正義の戦争観が、その次の徹底的非武装論の温床となっている。敵に侵略されても、隣人が強盗化しても、丸腰で対応しようという天真爛漫な見方だ。敵が闖入してきて、強盗の隣人が暴力を振るった後に何が生じるかを想定しようとしない、思考停止した人たちの夢物語だ。敵に占拠され、強盗に狼藉された後は国民の奴隷化、エリート層の殺戮だということを知らないからである。この真実の最たる実例がモンゴルである。

†現代の分断は対日戦後処理から

戦勝国のモンゴルは日本と真逆の運命を辿った。日本は戦争に負けても、戦後はいち早く復興を実現し、世界第二の経済大国の地位を獲得した。インフラ整備の点から見れば、実際、日本は世界一の先進国と言える。もちろん、それは大勢の日本国民の命、血と汗の努力のたまものであることは言うまでもない。

モンゴル人の領土はゴビ草原という自然環境を境界に南北二つに分かれる、と本書冒頭で述べた。南モンゴルの一部は日本の殖民地満洲国に組み込まれ、一部はモンゴル自治邦（蒙疆とも）となっていた。どちらも実質上は日本の支配下にあって、日本型の近代化の道を歩んでいた。もう一部、北モンゴルは清朝からの独立を実現してからはロシアの援助で存続し、次第にソ連の衛星国に変わっていった。

北モンゴルすなわちモンゴル人民共和国はソ連と共に対日戦争に参加し、南モンゴルの同胞たちを解放しようとした。日本と中国の支配から解放し、民族の統一を実現しようとして参戦したのである。

しかし、参戦し、勝った後も民族統一の夢は葬られた。実は一九四五年二月に米英ソの三大国が秘密の裏取引を交わしていたからである。米英はソ連のスターリンと一九四三年末からイランのテヘランなどで密談を積み重ね、戦後の勢力圏の分割を決定した。その際の対日敗戦処理の一環として、モンゴルを二分して、南モンゴルを中国に統治させるという決定である。民族地政学が大国によって利用された結果である。

その頃はすでに、民族自決権を尊重し、新たな殖民地と勢力圏を開拓しないという思想が国際社会に浸透していた。三大国の決定はそうした世界情勢と明らかに逆行していた。ユーラシアの西ではドイツの弱体化、東では日本の南樺太と千島をソ連に引き渡す密約が交わされた。連合国側についていたモンゴル人民共和国の同胞たちの居住地、内モンゴルを中国に売り渡す内容も織り込まれた。このヤルタ会談に当のモンゴルも日本も参加していなかった。当事者のいない「協定」、しかも秘密の取引は国際法に違反していると認識しなければならない。

繰り返し指摘しておくが、第二次大戦後の世界秩序を決定づけたのは、秘密協定の「ヤルタ協定」である。その主役たち、ルーズベルト元米大統領とチャーチル元英首相の亡霊が復活しつつある。墓から引きずり出したのは、アメリカの価値観を二分するトランプ前大統領とロシアのプーチン大統領という、相思相愛の指導者たちだ。

二〇一七年、合衆国大統領に選ばれたトランプがホワイトハウス入りすると、オバマ前政権時代に埃をかぶっていたチャーチルの胸像を執務室に戻して「復権」させた。ロシアに併合されたウクライナ南部クリミア半島の保養地ヤルタ市もまたルーズベルトの胸像を黒海沿いのルーズベルト通りに設置した。

†ヤルタの亡霊

ルーズベルトとチャーチルの亡霊を蘇らせた立役者はプーチンとトランプだけではない。英国のメイ元首相も暗躍していた。メイは二〇一六年十二月にトランプに親書を送り、日米開戦直後の一九四一年のクリスマスにチャーチルが極秘に渡米した歴史に触れた。

英米は固く結ばれた兄弟のような関係――チャーチルの演説を引用したメイをトランプは温かく迎えた。手をつないでホワイトハウスの廊下を闊歩し、チャーチル像を挟んで写真撮影をしてみせた。

折しもウクライナ東部で政府軍と親ロ派との戦闘が再び激化しており、イギリスもEUと困難な離脱交渉を開始した時期と重なる。米英の「特別な関係」をロシアが裏から支え、三巨頭で世界を独占しようとする野望が露骨に表れているかのようだ。

実際、米英ソ三大国が勝手に結んだヤルタ協定こそが、戦後の世界各地で起きた紛争の原因となった。今なおアメリカとその同盟国との関係にもきしみをもたらしている。というのも、協定の場には敵国である日本はおろか、共に戦ったモンゴルにも席が用意されなかっただけでなく、その固有の領土が略奪されるか、他国の支配下に譲渡されたのだ。

日本の安倍晋三前首相はプーチンを自身の故郷に招待して「個人的な信頼関係」を構築しようとしてきたのも、ヤルタ協定で生じた領土問題を解決するためであろう。しかし、「親ロ」のトランプが日ロ両国の仲介役を担うことはついになかった。

同じ共和党でも、ブッシュ元大統領は二〇〇五年に「ヤルタ協定は弱小民族に不幸をもたらした」と演説し、現職大統領として初めてモンゴルを訪問した。トランプに代わって大統領になるバイデンが今後、どのような政策でユーラシアに関与するかも注視し続ける必要がある。日本と三大国は第二次大戦の亡霊にすがるよりも、目の前の中国の膨張に伴う国際情勢の変化に真剣に対応すべきではなかろうか。

違法なヤルタ協定によって、戦勝国モンゴル人民共和国は固有の領土の半分を宿敵の中国に取られて今日に至る。その中国では、一九六六年からの文化大革命期間中に、数万人ものモンゴル人が「日本に協力した罪」で殺害された事実について、本書でも触れた。モンゴル人民共和国でも、スターリンの命令で一九三〇年代末に粛清が行われ、何万人ものエリートたちが命を失った。

それでも、モンゴル人民共和国はソ連の援助でそれなりに近代化を実現させた。凄惨な生き方が強いられたのは南モンゴルの方である。遊牧民の生活の基盤である草原は中国人に奪われ、農耕地に改変され、沙漠と化してしまった。自治区と言っても、実権はすべて外来の中国人の掌中に握られている。中国人の人口は先住民モンゴル人の十倍にも達しているからだ。二〇二〇年秋学期からは、モンゴル語教育を禁止する方針が習近平政権によって導入されることになった。

このようなモンゴル人はどうすればいいのだろうか。誰も戦わずして中国からの独立が実現できるとの夢を見ていない。戦勝国モンゴルと敗戦国日本の戦後史が戦争そのもののあり方について、教えてくれている。内モンゴルに厳しい弾圧を続けてきたおごれる中国に対してどうすべきかについても、考えなければならない。

†宗主国として関与せよ

民族地政学的に重要な地である内モンゴルに対し、日本は積極的に関与すべきだ、と筆者は唱えてきた。

米国のトランプ前大統領は二〇二〇年六月十七日、ウイグル人権法案に署名した。議会の超党派の支持を得ていた同法案の成立により、ウイグル人弾圧に関与した中国当局者に制裁を科すことが可能となった。中国は新疆ウイグル自治区で百万人以上のイスラーム教徒を強制収容所に閉じ込め、ウイグル語による教育を禁止し、抵抗した者を殺害するなど苛烈なジェノサイドが横行している。

日本に対して侵略した、しなかったというシンプルな歴史観に基づく非難は過去にも今も内モンゴルにはない。だからこそ、日本は元宗主国として内モンゴルのモンゴル人が置かれている状況について北京当局に抗議すべきである。フランスやベルギーなどがアフリカ諸国の元殖民地に対して積極的に介入しているのと同様に、日本は中国にものをいうべきである。

日本政府は中国の少数民族の人権問題と香港の自由維持、それに新型コロナウイルス感染拡大に関する中国の責任問題、さらには尖閣諸島の領有権をめぐって中国を批判しようとしてこなかった。こうした対中宥和姿勢は歴代米国政権の不信を招いている。「日中友好」を国是とするならば、米国の若者がどうして尖閣死守のために命を捧げようか。過去の盟友であったモンゴル人の命運に関心を注ぎ、日米同盟に忠実であり続けるという侍精神を忘却してはならないのではなかろうか。

地政学に立脚した視点で国際社会の諸問題に関する議論が増えてきた現在、「民族」という要素を加えると、より鮮明な世界戦略が描かれると私は確信しているのである。

謝辞

今や日本全国に約一万四千人のモンゴル人が暮らしている。これは、モンゴル国と内モンゴル自治区、ロシア連邦のブリヤート共和国とカルムイク共和国についで四番目に多い人数である。モンゴル人からすれば、宗主国に来て留学し、働くのは自らの境遇を改善する道である。それはアフリカ諸国の人たちが宗主国フランスを目指すのと同じである。フランス人は慣れているし、日本人も驚く必要はなかろう。

モンゴル人が増えてきたのを受けて、日本の学界やメディア、それに知的市民たちからモンゴル人とどう接すればいいか、とよく相談を受けるようになった。中国籍であっても、中国人ではない事実を把握しているらしい。しかし、内モンゴル自治区が行政組織的に中国の一部であっても、文化的には中華世界と何ら関係ないのを認識している日本人はまだ少ないようである。

日本人の動揺はある意味で自己の殖民地に対する忘却だろう、と批判したくもなる。しかし、二〇二〇年夏に勃発した内モンゴルの言語教育をめぐる民族問題に対し、大勢の日本人が親身になって支援してくれた事実を見れば、「満蒙」を構成していたモンゴルは決して忘れられていなかったことが判明した。多くのモンゴル人たちもそれを目撃して、安堵した。

実際、殖民地たる内モンゴルを失ってから、モンゴル人民共和国との外交関係を立て直した際も、戦前の満蒙関係者たちが活躍していた。横綱の元朝青龍、現役の白鵬と鶴竜両横綱のモンゴル国と内モンゴル自治区のモンゴル人は同じ祖先から生まれた兄弟である。内モンゴル人は過去も現在も、そして将来も決して「中華民族の一員」ではない。

日本と内モンゴルとの断絶もまた当然ある。今の内モンゴル自治区はすでに一九四五年前の「満蒙」の姿とかけ離れている。生来的に有すべき権利を失った内モンゴル人は諦めずに戦っているのを宗主国の日本は支援すべきであろう。旧殖民地の人びとが何を考え、どんな状況下にあるのかを宗主国の市民に伝えようとして、本書は書かれたのである。

本書は私が普段、ゼミや講義で語っている内容の一部を文字化したものである。

本書は基本的にすべて書下ろしであるが、第六章とエピローグは筆者が今までに『ニューズウィーク』誌や『産経新聞』に掲載した文を本書の趣旨に沿う形で書き直したものである。前著『モンゴル人の中国革命』(二〇一八年)と同じように、筑摩書房ちくま新書編集部の松田健編集長のご支持とご尽力で出版できたものである。記して深謝を申し上げる。

最後に、二〇二〇年夏に勃発した民族運動のなかで命を捧げた六名のモンゴル人と、今なお中国の獄中に監禁されているモンゴル人たちに本書を捧げることをお許しいただきたい。

参考文献

プロローグ

Lattimore, Owen, The Geographical Factor in Mongol History, in *The Geographical Journal*, 1938, 91.
Soucek, Svat, *A History of Inner Asia*, Cambridge University Press, 2000.
Sinor, Denis, *Inner Asia, A Syllbus*, Indiana University Publications, Uralic and Altaic series, Vol. 96, 1971.
Sinor, Denis, What is Inner Asia?, in *Altaica Collecta*, Otto Harrassowitz, Wiesbaden, 1976.
松原正毅編『中央アジアの歴史と現在』勉誠出版、二〇二〇年。
間野英二（責任編集）『中央アジア史　アジアの歴史と文化8』同朋舎、一九九九年。
楊海英『逆転の大中国史』文藝春秋、二〇一六年。文春文庫、二〇一八年。

第一章

金成修『明清之際藏伝仏教在蒙古地区的伝播』社会科学文献出版社、二〇〇六年。

劉仲敬『中国窪地——一部内亜主導東亜的簡史』台湾八旗出版社、二〇一七年。

石濱裕美子『チベット仏教世界の歴史的研究』東方書店、二〇〇一年。

岡田英弘『世界史の誕生』筑摩書房、一九九二年。ちくま文庫、一九九九年。

杉山清彦『大清帝国の形成と八旗制』名古屋大学出版会、二〇一五年。

包慕萍『モンゴルにおける都市建築史研究——遊牧と定住の重層都市フフホト』東方書店、二〇〇五年。

松原正毅「遊牧からのメッセージ」楊海英著『草原と馬とモンゴル人』日本放送出版協会、二〇〇一年。

宮脇淳子『モンゴルの歴史――遊牧民の誕生からモンゴル国まで』刀水書房、二〇〇二年。増補新版、二〇一八年。

楊海英『植民地としてのモンゴル――中国の官製ナショナリズムと革命思想』勉誠出版、二〇一三年。

楊海英『モンゴルとイスラーム的中国』風響社、二〇〇七年。文春文庫、二〇一四年。

ルドルフ・チェレーン『領土・民族・国家』（金生喜造訳）三省堂、一九四二年。

Atwood, Christopher P., *Encyclopedia of Mongolia and the Mongol Empire*, Facts On File, Inc., 2004.

Mosca, Matthew W., *From Frontier Policy to Foreign Policy: The Question of India and the Transformation of Geopolitics in Qing China*, The Commercial Press, 2019.

第二章

烏雲高娃『1930年代のモンゴル・ナショナリズムの諸相』晃洋書房、二〇一八年。

ガンバガナ『日本の対内モンゴル政策の研究』青山社、二〇一六年。

佐口透編集『モンゴル帝国と西洋（東洋文明の交流4）』平凡社、一九七〇年。

橘誠『ボグド・ハーン政権の研究――モンゴル建国史序説　1911-1921』風間書房、二〇一一年。

中見立夫『「満蒙問題」の歴史的構図』東京大学出版会、二〇一三年。

ボルジギン・ブレンサイン『近現代におけるモンゴル人農耕村落社会の形成』風間書房、二〇〇三年。

楊海英『モンゴルとイスラーム的中国』風響社、二〇〇七年。文春文庫、二〇一四年。

楊海英『モンゴル人の中国革命』ちくま新書、二〇一八年。

楊海英『墓標なき草原――内モンゴルにおける文化大革命・虐殺の記録』上・下・続、岩波書店、二〇〇九年、二〇一一年。上・下、岩波現代文庫、二〇一八年。

ラティモア『アジアの情勢』河出書房、一九六三年。
Kindler Robert, *Stalin's Nomads, Power & Famine in Kazakhstan*, Translated by Cynthia Klohr, University of Pittsburgh Press, 2018.
Cameron, Sarah, *The Hungry Steppe: Famine, Violence, and the Making of Soviet Kazakhstan*, Cornell University Press, Ithaca and London, 2018. Robert Kindler, *Stalin's Nomads: Power & Famine in Kazakhstan*, University of Pittsburgh Press, 2018.
Taveirne, Patrick, *Han-Mongol Encounters and Missionary Endeavors, a History of Scheut In Ordos (Hetao) 1874-1911*, Leuven University Press, 2004.

第三章

イ・ヴェ・スターリン『マルクス主義と民族問題』大月書店、一九五三年。

熊倉潤『民族自決と民族団結』東京大学出版会、二〇二〇年。

チャールズ・クローヴァー『ユーラシアニズム――ロシア新ナショナリズムの台頭』（越智道雄訳）NHK出版、二〇一六年。

ツェリン・オーセル『殺劫――チベットの文化大革命』（藤野彰、劉燕子訳）集広舎、二〇〇九年。

ヘロドトス『歴史（上、中、下）』（松平千秋訳）岩波文庫、一九七一―七二年。

松戸清裕、浅岡善治、池田嘉郎、宇山智彦、中嶋毅、松井康浩編『ロシア革命とソ連の世紀――越境する革命と民族』岩波書店、二〇一七年。

楊海英『中国とモンゴルのはざまで――ウラーンフーの実らなかった民族自決の夢』岩波現代全書、二〇一三年。

楊海英『モンゴル人の民族自決と「対日協力」』集広舎、二〇一六年。

楊海英『逆転の大中国史――ユーラシアの視点から』文藝春秋、二〇一六年。文春文庫、二〇一九年。

楊海英『チベットに舞う日本刀――モンゴル騎兵の現代史』文藝春秋、二〇一四年。中公文庫、二〇二〇年（主題と副題が逆）。

楊海英編『フロンティアと国際社会の中国文化大革命』集広舎、二〇一六年。

楊海英編『モンゴル人ジェノサイドに関する基礎資料11――加害者に対する清算』風響社、二〇一九年。

Peterson, Maya K., *Pipe Dreams: Water and Empire in Central Asia's Aral Sea Basin*, Cambridge University, 2019.

A Poisoned Arrow, The Secret Report of the 10th Panchen Lama, Tibet Information Network, London, 1997.

阿拉騰徳力海『内蒙古挖粛災難実録』私家版、一九九九年。

啓之『内蒙文革実録――「民族分裂」與「挖粛」運動』天行健出版社、二〇一〇年。

第四章

荒井幸康「1930年代のブリヤートの言語政策――文字改革、新文章語をめぐる議論を中心に」『スラヴ研究』五二、二〇〇五年。

イ・ヴェ・スターリン『マルクス主義と民族問題　他十篇』（平沢三郎他訳）国民文庫、大月書店、一九五三年。

ヴェ・イ・レーニン『民族自決権について　他十篇』（川内唯彦訳）大月書店、一九五三年。

ヴェ・イ・レーニン『帝国主義と民族・植民地問題』（川内唯彦訳）国民文庫、大月書店、一九五四年。

田中克彦『国やぶれてもことばあり』新泉社、二〇一八年。
テリー・マーチン『アファーマティヴ・アクションの帝国——ソ連の民族とナショナリズム、1923年〜1939年』（半谷史郎監修、荒井幸康・渋谷謙次郎・地田徹朗・吉村貴之訳）明石書店、二〇一一年。
楊海英『モンゴル人の民族自決と「対日協力」』集広舎、二〇一六年。
楊海英編『モンゴル人ジェノサイドに関する基礎資料3——打倒ウラーンフー（烏蘭夫）』風響社、二〇一一年。
Cameron, Sarah, *The Hungry Steppe: Famine, Violence, and the Making of Soviet Kazakhstan*, Cornell University Press, Ithaca and London, 2018.
Fatland Erika, *Sovietistan: Travels in Turkmenistan, Kazakhstan, Tajikistan, Kyrgyzstan and Uzbekistan*, Translated by Kari Dickson, Maclehose Press, Quercus, London, 2020.
Keller Shoshana, *Russia and Central Asia: Coexistence, conquest, Convergence*, University of Toronto Press, Toronto Buffalo London, 2020.
Ubiria, Grigol, *Soviet Nation-Building in Central Asia: The Making of the Kazakh and Uzbek Nations*, Routledge, Taylor & Francis Group, London and New York, 2016.

第五章

石濱裕美子『チベット仏教世界の歴史的研究』東方書店、二〇〇一年。

ヴェ・イ・レーニン『民族自決権について』大月書店、一九五三年。

チャールズ・キング『黒海の歴史——ユーラシア地政学の要諦における文明世界』（前田弘毅監訳）明石書店、二〇一七年。

楊海英『チンギス・ハーン祭祀――試みとしての歴史人類学的再構成』風響社、二〇〇四年。

楊海英『「中国」という神話――習近平「偉大なる中華民族」のウソ』文春新書、二〇一八年。

Weiner, Benno, *The Chinese Revolution on the Tibetan Frontier*, Cornell University Press, Ithaca and London, 2020.

第六章

宇山智彦編著『中央アジアを知るための60章』第2版、明石書店、二〇〇三年。

エレーヌ・カレール＝ダンコース『崩壊した帝国』（高橋武智訳）新評論、一九八一年。

エレーヌ・カレール＝ダンコース『民族の栄光――ソビエト帝国の終焉（上、下）』（山辺雅彦訳）藤原書店、一九九一年。

クリストファー・ベックウィズ『ユーラシア帝国の興亡――世界史四〇〇〇年の震源地』（斎藤純男訳）筑摩書房、二〇一七年。

佐藤公彦『中国の反外国主義とナショナリズム――アヘン戦争から朝鮮戦争まで』集広舎、二〇一五年。

ジャック・ウェザーフォード『パックス・モンゴリカ――チンギス・ハンがつくった新世界』（早川淳監訳、横堀富佐子訳）ＮＨＫ出版、二〇〇六年。

Mukhamet Shayakhmetov, *The Silent Steppe, The Story of a Kazakh Nomad under Stalin*, Stacey International, 2006.

Roy, Olivier, *The New Central Asia: Geopolitics and the Birth of Nations*, I. B. Tauris, 2011.

Ubiria, Grigol, *Soviet Nation-Building in Central Asia: The Making of the Kazakh and Uzbek Nations*, Routledge, Taylor & Francis Group, London and New York, 2016.

第七章
赤羽末吉『新装版　私の絵本ろん』平凡社ライブラリー、二〇二〇年。

梅棹忠夫『二十一世紀の人類像』講談社学術文庫、一九九一年。

大橋忠一「蒙古視察の感想」『蒙古』四月号、一九四二年。

ドムチョクドンロプ『徳王自伝』(森久男訳) 岩波書店、一九九四年。

なすだみのる／ビャンバサイハン・ツェレンドルジ＝文、オユンツエツェゲ・プレブダガバ＝絵『天馬ジョノン・ハル』ひくまの出版、二〇〇八年。

平竹傳三「蒙疆資源論」『蒙古』八月号、一九四〇年。

ミンガド・ボラグ『草はらに葬られた記憶「日本特務」』関西学院大学出版会、二〇一九年。

孟和博彦『欣欣向栄的内蒙古文学』内蒙古人民出版社、一九五九年。

民族出版社編輯『西藏農奴主的血腥罪行』民族出版社、一九五九年。

楊海英『草原と馬とモンゴル人』ＮＨＫブックス、二〇〇一年。

楊海英『チンギス・ハーン祭祀』風響社、二〇〇四年。

楊海英『日本陸軍とモンゴル――興安軍官学校の知られざる戦い』中公新書、二〇一五年。

楊海英『最後の馬賊――「帝国」の将軍・李守信』講談社、二〇一八年。

寮美千子＝文、篠崎正喜＝画『青いナムジル』パロル舎、二〇〇二年。

Junko Miyawaki- Okada, The Japanese origin of the Chinggis Khan Legends, in *Inner Asia*, 8, 2006.

Joshua Fogel, Chinggis on the Japanese Mind, in *Mongolian Studies*, XXX and XXXI, 2008.

Paul Hyer, The Chinggis Khan Shrine in Eastern Inner Mongolia, in *Mongolian Studies*, XXVIII, 2006.

ちくま新書
1546

内《うち》モンゴル紛争《ふんそう》
——危機《きき》の民族地《みんぞくち》政学《せいがく》

二〇二一年一月一〇日　第一刷発行

著者　楊　海英（よう・かいえい）

発行者　喜入冬子

発行所　株式会社　筑摩書房
東京都台東区蔵前二-五-三　郵便番号一一一-八七五五
電話番号〇三-五六八七-二六〇一（代表）

装幀者　間村俊一

印刷・製本　株式会社　精興社

ISBN978-4-480-07368-6 C0222

ちくま新書

1364 モンゴル人の中国革命　楊海英
内モンゴルは中国共産党が解放したのではない。草原の民は清朝、国民党、共産党といかに戦い、敗れたのか。日本との関わりを含め、総合的に描き出す真実の歴史。

1342 世界史序説　——アジア史から一望する　岡本隆司
ユーラシア全域と海洋世界を視野にいれ、古代から現代までを一望。西洋中心的な歴史観を覆し、「世界史の構造」を大胆かつ明快に語る。あらたな通史、ここに誕生！

1258 現代中国入門　光田剛編
あまりにも変化が速い現代中国。その実像を政治史、文化、思想、社会、軍事等の専門家がわかりやすく解説。歴史から最新情勢までバランスよく理解できる入門書。

1019 近代中国史　岡本隆司
中国とは何か？　その原理を解く鍵は、近代史に隠されている。グローバル経済の奔流が渦巻きはじめた時代から、激動の歴史を構造的にとらえなおす。

1080 「反日」中国の文明史　平野聡
文明への誇り、日本という脅威、社会主義と改革開放、矛盾した主張と強硬な姿勢……。驕る大国の本質を悠久の歴史に探り、問題のありかと日本の指針を示す。

1431 習近平の中国経済　——富強と効率と公正のトリレンマ　石原享一
対米貿易戦争と成長鈍化で中国経済は重大な転機を迎えている。なぜ改革は行き詰まっているのか。中国は凋落していくのか。中国経済の矛盾を見つめ今後を展望する。

1345 ロシアと中国　反米の戦略　廣瀬陽子
孤立を避け資源を売りたいロシア。軍事技術が欲しい中国。米国一強の国際秩序への対抗……。だが、中露蜜月の舞台裏では熾烈な主導権争いが繰り広げられている。

ちくま新書

1287-1 人類5000年史Ⅰ ――紀元前の世界 出口治明

人類五〇〇〇年の歩みを通読する、新シリーズの第一巻、ついに刊行！　文字の誕生から知の爆発の時代まで紀元前三〇〇〇年の歴史をダイナミックに見通す。

1287-2 人類5000年史Ⅱ ――紀元元年～1000年 出口治明

人類史を一気に見通すシリーズの第二巻。漢とローマ二大帝国の衰退、世界三大宗教の誕生、陸と海のシルクロード時代の幕開け等、激動の1000年が展開される。

1287-3 人類5000年史Ⅲ ――1001年～1500年 出口治明

十字軍の遠征、宋とモンゴル帝国の繁栄など人や物の交流が盛んになるが、気候不順、ペスト流行にも見舞われる。ルネサンスも勃興し、人類は激動の時代を迎える。

888 世界史をつくった海賊 竹田いさみ

スパイス、コーヒー、茶、砂糖、奴隷……歴史の陰には、常に奴らがいた。開拓の英雄であり、略奪者で厄介者でもあった〝国家の暴力装置〟から、世界史を捉えなおす！

994 やりなおし高校世界史 ――考えるための入試問題8問 津野田興一

世界史は暗記科目なんかじゃない！　大学入試を手掛かりに、自分の頭で歴史を読み解けば、現在とのつながりが見えてくる。高校時代、世界史が苦手だった人、必読。

1538 貿易の世界史 ――大航海時代から「一帯一路」まで 福田邦夫

国であれ企業であれ、貿易の主導権を握ったものが世界を動かしてきた。貿易の始まった大航海時代までさかのぼり、グローバル経済における覇権争いの歴史を描く。

1206 銀の世界史 祝田秀全

世界中を駆け巡った銀は、近代工業社会を生み世界経済の一体化を導いた。銀を読みといて、コロンブスから産業革命、日清戦争まで、世界史をわしづかみにする。

ちくま新書

1483
韓国　現地からの報告
――セウォル号事件から文在寅政権まで
伊東順子
セウォル号事件、日韓関係の悪化、文在寅政権下の分断……二〇一四～二〇年のはじめまで、何が起こり、人びとは何を考えていたのか？　現地からの貴重なレポート。

1503
元徴用工　和解への道
――戦時被害と個人請求権
内田雅敏
日韓関係に影を落とす元徴用工問題。解決済とする日本政府も補償を求める彼らの個人請求権は認めている。戦後75年間放置されている戦時被害を直視し和解を探る。

1498
香港と日本
――記憶・表象・アイデンティティ
銭俊華
二〇一九年から続くデモ、中国大陸の同化政策、日本のサブカルチャーの受容や大日本帝国の記憶……香港出身の研究者が香港の現在と「日本」を考察する。

1512
香港とは何か
野嶋剛
選挙介入や国家安全法の導入決定など、中国の横暴がすさまじい。返還時の約束が反故にされた香港。若者中心の抵抗運動から中米対立もはらむ今後の見通しまで。

1515
戦後日本を問いなおす
――日米非対称のダイナミズム
原彬久
日本はなぜ対米従属をやめられないのか。戦後の「日米非対称システム」を分析し、中国台頭・米国後退の中、政治的自立のため日本国民がいま何をすべきかを問う。

1362
沖縄報道
――日本のジャーナリズムの現在
山田健太
オスプレイは「不時着（読売・産経）」したのか「墜落（沖縄紙）」したのか――。沖縄をめぐる報道から、偏向、分断、ヘイトが生まれる構造を解き明かす。

1277
消費大陸アジア
――巨大市場を読みとく
川端基夫
中国、台湾、タイ、インドネシア……いま盛り上がるアジア各国の市場や消費者の特徴・ポイントを豊富な実例で解説する。成功する商品・企業は何が違うのか？

1295
集中講義！ ギリシア・ローマ
桜井万里子
本村凌二
古代、大いなる発展を遂げたギリシアとローマ。これらの歴史を見比べると、世界史における政治、思想、文化の原点が見えてくる。学びなおしにも最適な一冊。

1147
ヨーロッパ覇権史
玉木俊明
オランダ、ポルトガル、イギリスなど近代ヨーロッパ諸国の台頭は、世界を一変させた。本書は、軍事革命、大西洋貿易、アジア進出など、その拡大の歴史を追う。

1335
ヨーロッパ 繁栄の19世紀史
——消費社会・植民地・グローバリゼーション
玉木俊明
第一次世界大戦前のヨーロッパは、イギリスを中心に空前の繁栄を誇っていた。奴隷制、産業革命、蒸気船や電信の発達……その栄華の裏にあるメカニズムに迫る。

1377
ヨーロッパ近代史
君塚直隆
なぜヨーロッパは世界を席巻することができたのか。「宗教と科学の相剋」という視点から、ルネサンスに始まり第一次世界大戦に終わる激動の五〇〇年を一望する。

1400
ヨーロッパ現代史
松尾秀哉
第二次大戦後の和解の時代が終焉し、大国の時代が復活し、危機にあるヨーロッパ。その現代史の全貌を、国際関係のみならず各国の内政との関わりからも描き出す。

1082
第一次世界大戦
木村靖二
第一次世界大戦こそは、国際体制の変化、女性の社会進出、福祉国家化などをもたらした現代史の画期である。戦史的経過と社会的変遷の両面からたどる入門書。

1278
フランス現代史 隠された記憶
——戦争のタブーを追跡する
宮川裕章
第一次大戦の遺体や不発弾処理で住めない村。第二次大戦の対独協力の記憶。見捨てられたアルジェリアのフランス兵アルキ……。等身大の悩めるフランスを活写。

ちくま新書

932 ヒトラーの側近たち　大澤武男
ナチスの屋台骨である側近たち。ゲーリング、ヘス、ゲッベルス、ヒムラー……。独裁者の支配妄想を実現、ときに強化した彼らは、なぜ、どこで間違ったのか。

1347 太平洋戦争　日本語諜報戦　——言語官の活躍と試練　武田珂代子
太平洋戦争で活躍した連合国軍の言語官。収容所から集められた日系二世の葛藤、養成の違いに見る米英豪加の各国軍事情……。語学兵の実像と諜報戦の舞台裏。

935 ソ連史　松戸清裕
二〇世紀に巨大な存在感を持ったソ連。「冷戦の敗者」「全体主義国家」の印象で語られがちなこの国の内実を丁寧にたどり、歴史の中での冷静な位置づけを試みる。

1327 欧州ポピュリズム　——EU分断は避けられるか　庄司克宏
反移民、反グローバル化、反エリート、反リベラルが世界を席巻！　EUがポピュリズム危機に揺れる理由は、その統治機構と政策にあった。欧州政治の今がわかる！

1262 分解するイギリス　——民主主義モデルの漂流　近藤康史
EU離脱、スコットランド独立——イギリスは政治の機能不全で分解に向かいつつある。もはや英国議会政治は民主主義のモデルたりえないのか。危機の深層に迫る。

1477 EU離脱　——イギリスとヨーロッパの地殻変動　鶴岡路人
ついに離脱を現実のものとしたイギリスが失うものとはなにか？　一枚岩になれないEUはどうなるのか？　なお問題山積のヨーロッパの現在を最も正確に論じる。

1521 ルポ　入管　——絶望の外国人収容施設　平野雄吾
「お前らを日本から追い出すために入管（ここ）があるんだ」。密室で繰り広げられる暴行、監禁、医療放置——。巨大化する国家組織の知られざる実態。

ちくま新書

1177
カストロとフランコ
――冷戦期外交の舞台裏
細田晴子

キューバ社会主義革命の英雄と、スペイン反革命の指導者。二人の「独裁者」の密かなつながりとは何か。未開拓の外交史料を駆使して冷戦下の国際政治の真相に迫る。

1449
インディアンとカジノ
――アメリカの光と影
野口久美子

ラスベガスを上回る、年間3兆円のビッグ・ビジネスはなぜ生まれたのか。インディアンの歴史を跡づけ、その意義となおも残る困難を明らかにする。

1539
アメリカ黒人史
――奴隷制からBLMまで
ジェームス・M・バーダマン
森本豊富訳

奴隷制の始まりからブラック・ライヴズ・マターが再燃する今日まで、人種差別はなくなっていない。アメリカ黒人の歴史をまとめた名著を改題・大改訂して刊行。

1311
アメリカの社会変革
――人種・移民・ジェンダー・LGBT
ホーン川嶋瑤子

「チェンジ」の価値化――これこそがアメリカ文化の柱である。保守とリベラルのせめぎあいでダイナミックに動く、平等化運動から見たアメリカの歴史と現在。

1331
アメリカ政治講義
西山隆行

アメリカの政治はどのように動いているのか。その力学を歴史・制度・文化など多様な背景から解説。アメリカン・デモクラシーの考え方がわかる、入門書の決定版。

1193
移民大国アメリカ
西山隆行

止まるところを知らない中南米移民。その増加への不満がいかに米国社会を蝕みつつあるのか。米国の移民問題の全容を解明し、日本に与える示唆を多角的に分析する。

1518
メディアが動かすアメリカ
――民主政治とジャーナリズム
渡辺将人

メディアは政治をいかに動かし、また動かされてきたのか。アメリカのテレビと選挙の現場を知り尽くした著者が解き明かす、超大国アメリカの知られざる姿。

ちくま新書

1514
中東政治入門
末近浩太
パレスチナ問題、「アラブの春」、シリア内戦、「イスラーム国」、石油依存経済、米露の介入……中東が抱える複雑な問題を「理解」するために必読の決定版入門書。

1484
日本人のためのイスラエル入門
大隅洋
AI、スタートアップ、先端技術……。宗教と伝統が息づく中東の小国はいかにしてイノベーション大国となったのか？　現役外交官がその秘密を語り尽くす！

1240
あやつられる難民
——政府、国連、NGOのはざまで
米川正子
いま世界の難民は国連と各国政府、人道支援団体の間で翻弄されている。難民本位の支援はなぜ実現しないのか。アフリカ現地での支援経験を踏まえ、批判的に報告する。

900
日本人のためのアフリカ入門
白戸圭一
負のイメージで語られることの多いアフリカ。しかし、それらはどこまで本当か？　メディアの在り方を問い直しつつ「新しいアフリカ」を紹介する異色の入門書。

1382
南スーダンに平和をつくる
——「オールジャパン」の国際貢献
紀谷昌彦
二〇一一年に独立した新興国南スーダン。その平和構築の現場では何が起こり必要とされているのか。前駐在大使が支援の最前線での経験と葛藤を伝える貴重な証言。

1428
アフリカを見る　アフリカから見る
白戸圭一
もはやアフリカは哀れみの目で「援助」する対象ではない。アフリカ諸国の過去と現在をどうとらえ、日本はどうかかわっていくべきか。篠田英朗氏との対談も収録。

1504
アフリカ経済の真実
——資源開発と紛争の論理
吉田敦
豊富な資源があっても、大規模開発があっても、人々は貧しいまま。それはなぜなのか？　日本では知られていないアフリカ諸国の現状を解説し、背景を分析する。